Kürschners Handbuch
Bundesregierung
Kompakt

Kürschners Handbuch

Bundesregierung

Kompakt

Stand: Januar 2022

Kürschners Politikkontakte

Kürschners Politikkontakte:
Kürschners Handbuch Bundesregierung Kompakt
ISBN 978-3-95879-161-9

Redaktionsschluss: 3. Januar 2022
Herausgeber: Andreas Holzapfel
Redaktion: Markus Fleischer, Andrea Gertig-Hadaschik
Satz: Schröder Media GbR, Dernbach
Repro: graphica, Neuwied
Gesamtherstellung: Plump Druck & Medien, Rheinbreitbach

Anschrift der Redaktion:
Kürschners Politikkontakte
NDV GmbH & Co. KG
Postfach 1560, 53585 Bad Honnef
E-Mail redaktion@kuerschners.com
Telefon 030 8557511 oder 02224 3232
Datenbank www.kuerschners.com
Bildnachweisliste auf Seite 4

Bildnachweis:
Angelika Aschenbach (Faeser, Nancy); Benno Kraehahn (Dittmar, Sabine; Kiziltepe, Cansel); BMG/Schinkel (Steffen, Dr. Thomas); BMI (Teichmann, Dr. Helmut); BMI/René Bertrand (Engelke, Hans-Georg); BMU/Thomas Imo (Flasbarth, Jochen); BMVI (Güntner, Dr. Michael); BMWK/Susanne Eriksson (Graichen, Dr. Patrick; Philipp, Udo); Bundesministerium der Finanzen/Photothek (Bösinger, Dr. Rolf; Gatzer, Werner; Hölscher, Prof. Dr. Luise; Kukies, Dr. Jörg; Pillath, Dr. Carsten; Saebisch, Steffen); Bundesministerium für Digitales und Verkehr (Schnorr, Stefan); Bundesregierung/Guido Bergmann (Haugg, Kornelia); Bundesregierung/Steffen Kugler (Bender, Silvia; Pirscher, Judith); Bundeswehr/Jane Schmidt (Zimmer, Benedikt); Bündnis 90/Die Grünen Bundestagsfraktion/Kaminski (Hoffmann, Dr. Bettina); Bündnis 90/Die Grünen (Baerbock, Annalena; Hajduk, Anja); Bündnis 90/Die Grünen NRW (Nick, Dr. Ophelia Johanna); DBT/von Saldern (Lindner, Dr. Tobias); Deutscher Bundestag (Theurer, Michael); Deutscher Bundestag/Inga Haar (Griese, Kerstin; Kluckert, Daniela); Deutscher Bundestag/Renate Blanke (Lauterbach, Prof. Dr. Karl); Deutscher Bundestag/Thomas Koehler (Keul, Katja); Dominik Butzmann (Giegold, Sven); Eva Zocher Photography (Stark-Watzinger, Bettina); FDP Baden-Württemberg (Toncar, Dr. Florian); Felix Oberhage (Sudhof, Dr. Margaretha); Fionn Große (Ryglewski, Sarah); Harry Weber (CC BY 3.0) (Özdemir, Cem); Henning Schacht (Richter, Dr. Markus); J. Konrad Schmidt/BMAS (Gebers, Leonie); Jesco Denzel (Seifert, Juliane); Katrin Probst (Rottmann, Dr. Manuela); Kristian Schuller (Roth, Claudia); Maria Springer (Lührmann, Dr. Anna); Martin Ebert (Deligöz, Ekin); Maximilian König (Özdemir, Mahmut); MKUEM/Heike Rost (Spiegel, Anne); Nils Hasenau (Gottstein, Margit); Photothek (Alabali-Radovan, Reem; Schneider, Carsten; Schwarzelühr-Sutter, Rita); Photothek/Thomas Trutschel (Draheim, Dr. Antje); Presse- und Informationsamt der Bundesregierung (Höppner, Hartmut; Schlunck, Dr. Angelika); Roland Horn (Tidow, Stefan); Sabine Arndt (Brantner, Dr. Franziska); SPD (Scholz, Olaf; Schulze, Svenja); SPD-Parteivorstand/Maximilian König (Kofler, Dr. Bärbel); Stefan Kaminski (Lehmann, Sven; Lemke, Steffi); Steffen Kauffmann (Rohleder, Dr. Christiane); Susie Knoll (Annen, Niels; Heil, Hubertus; Kramme, Anette; Lambrecht, Christine; Möller, Siemtje); Tanja Ruetz (Strasser, Benjamin); Thomas Imo/photothek.net (Baumann, Susanne); Urban Zintel (Habeck, Dr. Robert); Werner Schüring (Geywitz, Klara); private

Kürschners Handbuch Bundesregierung Kompakt

Rot-weiß markant gestreift,

so kennen Leserinnen und Leser den „Kürschner", die Arbeit des Deutschen Bundestages begleitet das populäre Volkshandbuch seit fast 70 Jahren. Die neue Ausgabe für die 20. Wahlperiode ist gerade erschienen.

Blau-weiß markant gestreift,
so legen wir erstmals „Kürschners Handbuch Bundesregierung Kompakt" vor. Es soll einen schnellen Überblick liefern über die leitenden Personen in den Bundesministerien und so die Wartezeit überbrücken bis zur „großen" Ausgabe von „Kürschners Handbuch Bundesregierung".

Dieses Buch enthält also Übersichten der Leitungsebenen der Ministerien und Biografien und Fotos der Minister*innen sowie der parlamentarischen bzw. beamteten Staatssekretärinnen und Staatssekretäre.

Tiefergehende Informationen liefert Ihnen bis zum Erscheinen von „Kürschners Handbuch Bundesregierung" auch unsere (kostenpflichtige) Online-Datenbank unter kuerschners.com.

Kürschners Politikkontakte
Berlin, Rheinbreitbach
Januar 2022

Inhalt

Bundesregierung Übersicht

Bundeskanzler
Olaf Scholz

Bundesminister für Wirtschaft und Klimaschutz und Stellvertreter des Bundeskanzlers
Dr. Robert Habeck

Bundesminister der Finanzen
Christian Lindner

Bundesministerin des Innern und für Heimat
Nancy Faeser

Bundesministerin des Auswärtigen
Annalena Baerbock

Bundesminister der Justiz
Dr. Marco Buschmann

Bundesminister für Arbeit und Soziales
Hubertus Heil

Bundesministerin der Verteidigung
Christine Lambrecht

Bundesminister für Ernährung und Landwirtschaft
Cem Özdemir

Bundesministerin für Familie, Senioren, Frauen und Jugend
Anne Spiegel

Bundesminister für Gesundheit
Prof. Dr. Karl Lauterbach

Bundesminister für Digitales und Verkehr
Dr. Volker Wissing

Bundesministerin für Umwelt, Naturschutz, nukleare Sicherheit und Verbraucherschutz
Steffi Lemke

Bundesministerin für Bildung und Forschung
Bettina Stark-Watzinger

Bundesministerin für wirtschaftliche Zusammenarbeit und Entwicklung
Svenja Schulze

Bundesministerin für Wohnen, Stadtentwicklung und Bauwesen
Klara Geywitz

Bundesminister für besondere Aufgaben
Wolfgang Schmidt

Gegenseitige Vertretungsregelung der Regierungsmitglieder

Es werden vertreten:	durch:
Der Bundeskanzler	den Bundesminister für Wirtschaft und Klimaschutz
Der Bundesminister für Wirtschaft und Klimaschutz	den Bundesminister der Finanzen
Der Bundesminister der Finanzen	den Bundesminister für Wirtschaft und Klimaschutz
Die Bundesministerin des Innern und für Heimat	den Bundesminister der Justiz
Die Bundesministerin des Auswärtigen	die Bundesministerin der Verteidigung
Der Bundesminister der Justiz	die Bundesministerin des Innern und für Heimat
Der Bundesminister für Arbeit und Soziales	den Bundesminister für Gesundheit
Die Bundesministerin der Verteidigung	die Bundesministerin des Auswärtigen
Der Bundesministerin für Ernährung und Landwirtschaft	die Bundesministerin für wirtschaftliche Zusammenarbeit und Entwicklung
Die Bundesministerin für Familie, Senioren, Frauen und Jugend	die Bundesministerin für Bildung und Forschung
Der Bundesminister für Gesundheit	den Bundesminister für Arbeit und Soziales

Der Bundesminister für Digitales und Verkehr	die Bundesministerin für Umwelt, Naturschutz, nukleare Sicherheit und Verbraucherschutz
Die Bundesministerin für Umwelt, Naturschutz, nukleare Sicherheit und Verbraucherschutz	die Bundesministerin für Wohnen, Stadtentwicklung und Bauwesen
Die Bundesministerin für Bildung und Forschung	die Bundesministerin für Familie, Senioren, Frauen und Jugend
Die Bundesministerin für wirtschaftliche Zusammenarbeit und Entwicklung	den Bundesminister für Ernährung und Landwirtschaft
Die Bundesministerin für Wohnen, Stadtentwicklung und Bauwesen	den Bundesminister für Digitales und Verkehr

Hinweis:
Ist das nach dieser Regelung zur Vertretung berufene Mitglied der Bundesregierung ebenfalls verhindert, nimmt das in der Dienstaltersliste auf den zu Vertretenden folgende Mitglied die Vertretung wahr. Ist jedoch ein dienstjüngeres Mitglied nicht vorhanden oder nicht erreichbar, so übernimmt die Vertretung das jeweils erreichbare Mitglied mit dem gegenüber dem zu Vertretenden nächsthöheren Dienstalter.

Dienstaltersliste der Bundesministerinnen und Bundesminister

Name	Datum erste Ernennung	Geburtsdatum
Svenja Schulze	14. März 2018	29. September 1968
Hubertus Heil	14. März 2018	3. November 1972
Christine Lambrecht	27. Juni 2019	19. Juni 1965
Prof. Dr. Karl Lauterbach	8. Dezember 2021	21. Februar 1963
Cem Özdemir	8. Dezember 2021	21. Dezember 1965
Steffi Lemke	8. Dezember 2021	19. Januar 1968
Bettina Stark-Watzinger	8. Dezember 2021	12. Mai 1968
Dr. Robert Habeck	8. Dezember 2021	2. September 1969
Dr. Volker Wissing	8. Dezember 2021	22. April 1970
Nancy Faeser	8. Dezember 2021	13. Juli 1970
Wolfgang Schmidt	8. Dezember 2021	23. September 1970
Klara Geywitz	8. Dezember 2021	18. Februar 1976
Dr. Marco Buschmann	8. Dezember 2021	1. August 1977
Christian Lindner	8. Dezember 2021	7. Januar 1979
Annalena Baerbock	8. Dezember 2021	15. Dezember 1980
Anne Spiegel	8. Dezember 2021	15. Dezember 1980

Parlamentarische Staatssekretärinnen und Parlamentarische Staatssekretäre

beim Bundeskanzler
Staatsministerin Reem Alabali-Radovan
Staatsministerin Claudia Roth
Staatsministerin Sarah Ryglewski
Staatsminister Carsten Schneider

beim Bundesminister für Wirtschaft und Klimaschutz
Dr. Franziska Brantner
Michael Kellner
Oliver Krischer

beim Bundesminister der Finanzen
Katja Hessel
Dr. Florian Toncar

bei der Bundesministerin des Innern und für Heimat
Mahmut Özdemir
Johann Saathoff
Rita Schwarzelühr-Sutter

bei der Bundesministerin des Auswärtigen
Staatsministerin Katja Keul
Staatsminister Dr. Tobias Lindner
Staatsministerin Dr. Anna Lührmann

beim Bundesminister der Justiz
Benjamin Strasser

beim Bundesminister für Arbeit und Soziales
Kerstin Griese
Anette Kramme

bei der Bundesministerin der Verteidigung
Thomas Hitschler
Siemtje Möller

beim Bundesminister für Ernährung und Landwirtschaft
Dr. Ophelia Nick
Dr. Manuela Rottmann

bei der Bundesministerin für Familie, Senioren, Frauen und Jugend
Ekin Deligöz
Sven Lehmann

beim Bundesminister für Gesundheit
Sabine Dittmar
Dr. Edgar Franke

beim Bundesminister für Digitales und Verkehr
Daniela Kluckert
Oliver Luksic
Michael Theurer

bei der Bundesministerin für Umwelt, Naturschutz, nukleare Sicherheit und Verbraucherschutz
Dr. Bettina Hoffmann
Christian Kühn

bei der Bundesministerin für Bildung und Forschung
Dr. Jens Brandenburg
Dr. h. c. Thomas Sattelberger

bei der Bundesministerin für wirtschaftliche Zusammenarbeit und Entwicklung
Niels Annen
Dr. Bärbel Kofler

bei der Bundesministerin für Wohnen, Stadtentwicklung und Bauwesen
Sören Bartol
Cansel Kiziltepe

Beamtete Staatssekretärinnen und Beamtete Staatssekretäre

Bundeskanzleramt
Dr. Jörg Kukies

Presse- und Informationsamt der Bundesregierung
Steffen Hebestreit

Bundesministerium für Wirtschaft und Klimaschutz
Sven Giegold
Dr. Patrik Graichen
Anja Hajduk
Udo Philipp

Bundesministerium der Finanzen
Werner Gatzer
Prof. Dr. Luise Hölscher
Dr. Carsten Pillath
Steffen Saebisch

Bundesministerium des Innern und für Heimat
Hans-Georg Engelke
Dr. Markus Richter
Juliane Seifert
Dr. Helmut Teichmann

Auswärtiges Amt
Susanne Baumann
Andreas Michaelis

Bundesministerium der Justiz
Dr. Angelika Schlunck

Bundesministerium für Arbeit und Soziales
Leonie Gebers
Dr. Rolf Schmachtenberg

Bundesministerium der Verteidigung
Dr. Margaretha Sudhof
Benedikt Zimmer

Bundesministerium für Ernährung und Landwirtschaft
Silvia Bender

Bundesministerium für Familie, Senioren, Frauen und Jugend
Margit Gottstein

Bundesministerium für Gesundheit
Dr. Antje Draheim
Dr. Thomas Steffen

Bundesministerium für Digitales und Verkehr
Dr. Michael Güntner
Hartmut Höppner
Stefan Schnorr

Bundesministerium für Umwelt, Naturschutz, nukleare Sicherheit und Verbraucherschutz
Dr. Christiane Rohleder
Stefan Tidow

Bundesministerium für Bildung und Forschung
Kornelia Haugg
Judith Pirscher

Bundesministerium für wirtschaftliche Zusammenarbeit und Entwicklung
Jochen Flasbarth

Bundesministerium für Wohnen, Stadtentwicklung und Bauwesen
Dr. Rolf Bösinger

Bundeskanzleramt

Bundeskanzler

Olaf Scholz

Willy-Brandt-Straße 1, 10557 Berlin
Postanschrift: 11012 Berlin
Telefon: 030 18 400-0
Telefax: 030 18 400-2357

Dienstsitz Bonn:
Welckerstraße 11
53113 Bonn

E-Mail: internetpost@bundeskanzler.de
Internet: www.bundeskanzler.de

Chef des Bundeskanzleramtes, Bundesminister für besondere Aufgaben

Wolfgang Schmidt
E-Mail: wolfgang.schmidt@bk.bund.de

Staatsministerin beim Bundeskanzler

Sarah Ryglewski
E-Mail: sarah.ryglewski@bk.bund.de

Staatsminister beim Bundeskanzler, Beauftragter der Bundesregierung für Ostdeutschland

Carsten Schneider
E-Mail: carsten.schneider@bk.bund.de

Staatsministerin, Beauftragte der Bundesregierung für Kultur und Medien

Claudia Roth
E-Mail: claudia.roth@bkm.bund.de

Staatsministerin, Beauftragte der Bundesregierung für Migration, Flüchtlinge und Integration

Reem Alabali-Radovan
E-Mail: service-integration@bk.bund.de

Staatssekretär

Dr. Jörg Kukies
E-Mail: joerg.kukies@bk.bund.de

SCHOLZ, Olaf

Bundeskanzler

Bundeskanzleramt
11012 Berlin

Geboren am 14. Juni 1958 in Osnabrück; verheiratet.
Abitur in Hamburg. Studium der Rechtswissenschaften im Rahmen der einstufigen Juristenausbildung in Hamburg. Rechtsanwalt. 1975 Eintritt in die SPD, 1982/88 stellv. Bundesvors. der Jungsozialisten, 1987/89 Vizepräs. der International Union of Socialist Youth; 1994/2000 Vors. der SPD Altona, 2000/Juni 2004 und Nov. 2009/März 2018 Landesvors. der Hamburger SPD, Okt. 2002/März 2004 Generalsekretär und 2009/19 stellv. Vors. der SPD. 2007/09 Bundesminister für Arbeit und Soziales, Mai/Okt. 2001 Innensenator der Freien und Hansestadt Hamburg, 2011/18 Erster Bürgermeister der Freien und Hansestadt Hamburg, Bevollmächtigter der Bundesrepublik Deutschland für deutsch-französische kulturelle Zusammenarbeit, März 2018/Dez. 2021 Bundesminister der Finanzen und Stellv. der Bundeskanzlerin. Mitgl. der Hamburger Bürgerschaft im März 2011. Mitgl. NGG, AWO, ASB, Hamburgischer Anwaltverein, Arbeitsgemeinschaft Fachanwälte für Arbeitsrecht im Deutschen Anwaltverein. – Mitglied des Bundestages 1998/2001, 2002/11 und seit Okt. 2021; 2005/07 1. Parl. Geschäftsführer der SPD-Fraktion. Seit 8. Dezember 2021 Bundeskanzler der Bundesrepublik Deutschland.

SCHMIDT, Wolfgang

Bundesminister

Bundeskanzleramt
11012 Berlin

Geboren am 23. September 1970 in Hamburg; verheiratet, 2 Töchter. 1991 bis 1997 Studium Rechtswissenschaften in Hamburg und Bilbao/Spanien, Erstes juristisches Staatsexamen. 1997 bis 2000 Wissenschaftlicher Mitarbeiter Universität Hamburg, Fachbereich Rechtswissenschaften. 2000 bis 2002 Referendariat Hanseatisches Oberlandesgericht Hamburg, Zweites juristisches Staatsexamen. 2002 bis 2005 Persönlicher Referent, dann Büroleiter des SPD-Generalsekretärs. 2006 bis 2007 Büroleiter des Ersten Parlamentarischen Geschäftsführers der SPD-Bundestagsfraktion. 2007 bis 2009 Leiter des Ministerbüros und Leiter des Leitungs- und Planungsstabes, Bundesministerium für Arbeit und Soziales. 2009 bis 2010 Unterabteilungsleiter, Bundesministerium für Arbeit und Soziales. 2010 bis 2011 Direktor, Internationale Arbeitsorganisation (ILO), Vertretung in Deutschland. März 2011 bis März 2018 Staatsrat der Senatskanzlei und Bevollmächtigter beim Bund, bei der Europäischen Union und für auswärtige Angelegenheiten der Freien und Hansestadt Hamburg. März 2018 bis Dezember 2021 Staatssekretär im Bundesministerium der Finanzen. Seit Dezember 2021 Bundesminister für besondere Aufgaben und Chef des Bundeskanzleramtes.

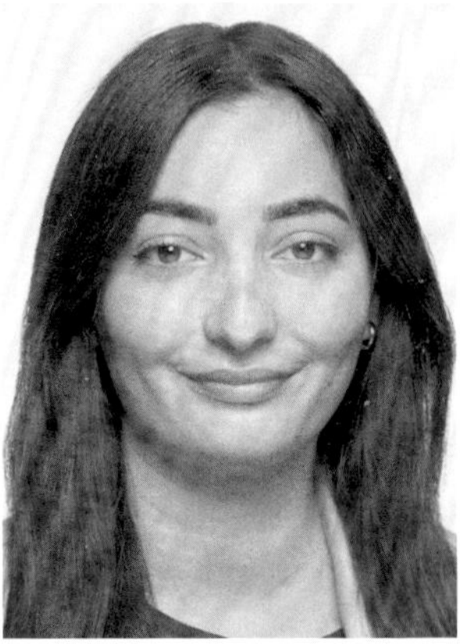

ALABALI-RADOVAN, Reem

Staatsministerin

Bundeskanzleramt
11012 Berlin

Geboren am 1. Mai 1990 in Moskau; verheiratet.
2008 Abitur Gymnasium Fridericianum Schwerin. 2008/13 Studium Politikwissenschaft Freie Univ. Berlin, Bachelor of Arts. 2012/13 wiss. Mitarbeiterin Deutsches Orient-Institut Berlin, 2012/13 Assistentin Länderreferate, 2013 Länderreferentin Nah- und Mittelost-Verein Berlin, 2015/18 Sachbearbeiterin Landesamt für innere Verwaltung Mecklenburg-Vorpommern, 2018/20 Leitungsstab – Büro der Integrationsbeauftragten der Landesregierung, Ministerium für Soziales, Integration und Gleichstellung Mecklenburg-Vorpommern, 2020/21 Integrationsbeauftragte der Landesregierung. Arabisch, Englisch. Mitglied des Bundestages seit Okt. 2021; seit 2021 Staatsministerin beim Bundeskanzler und Beauftragte der BReg. für Migration, Flüchtlinge und Integration.

ROTH, Claudia

Dramaturgin, Staatsministerin

Die Beauftragte der Bundesregierung
für Kultur und Medien
Köthener Straße 2
10963 Berlin

Geborgen am 15. Mai 1955 in Ulm.
1974 Abitur. Dramaturgin an den Städtischen Bühnen Dortmund und Mitgl. „Hoffmans Comic Teater", Managerin der Rock-Band „Ton Steine Scherben". 1985/89 Pressesprecherin der GRÜNEN im Bundestag. Mitgl. Humanistische Union, Pro Asyl und Lesben- und Schwulenverband in Deutschland (LSVD), Mitgl. Stiftungsrat „Stiftung für die Internationalen Wochen gegen Rassismus", Kuratorium der DFB-Kulturstiftung, Kuratorium Universität Augsburg, seit Nov. 2018 Mitgl. im Kuratorium der Stiftung Denkmal für die ermordeten Juden Europas. 1971/90 Mitgl. der Jungdemokraten. Seit 1987 Mitgl. von BÜNDNIS 90/DIE GRÜNEN (ehemals: DIE GRÜNEN), 2001/Dez. 2002 und Okt. 2004/Okt. 2013 Bundesvors. von BÜNDNIS 90/DIE GRÜNEN. MdEP 1989/98, ab 1994 Fraktionsvors. der Grünen im EP. Englisch (f), Französisch (f), Italienisch (G). – Mitglied des Bundestages 1998/März 2001 und seit Okt. 2002; 1998/März 2001 Vors. Ausschuss für Menschenrechte und Humanitäre Hilfe. März 2003/Okt. 2004 Beauftragte der Bundesregierung für Menschenrechtspolitik und Humanitäre Hilfe im Auswärtigen Amt. 2013/21 Vizepräsidentin des Bundestages, ord. Mitgl. Interparlamentarische Union IPU in der 18. und 19. WP. Sprecherin der Fraktion Bündnis 90/Die Grünen für auswärtige Kulturpolitik; seit Dez. 2021 Staatsministerin beim Bundeskanzler, Beauftragte der BReg. für Kultur und Medien.

RYGLEWSKI, Sarah

Dipl.-Politologin, Staatsministerin, MdB

Bundeskanzleramt
11012 Berlin

Geboren am 31. Januar 1983 in Köln; verheiratet.
2002 bis 2009 Studium der Politikwissenschaft an der Universität Bremen, Dipl.-Politologin, Nebenfach Geographie. Seit 2001 Mitglied der SPD, 2006 bis 2008 Mitglied im Landesvorstand der Jusos Bremen, 2008 bis 2012 Juso-Landesvorsitzende, seit 2010 stellvertretende SPD-Landesvorsitzende, Sprecherin des Themenforums Verbraucherpolitik der SPD. 2009 bis 2011 Stadtteilmanagerin in den Bremer Stadtteilen Osterfeuerberg und Woltmershausen. 2011 bis 2015 Mitglied der Bremischen Bürgerschaft, ordentliches Mitglied im Ausschuss für die Gleichstellung der Frau, im Parl. Untersuchungsausschuss Krankenhauskeime sowie in der städtischen Deputation für Gesundheit und der staatlichen Deputation für Wirtschaft, Arbeit und Häfen, Sprecherin für Verbraucherpolitik der SPD-Bürgerschaftsfraktion. Mitglied der Gewerkschaft ver.di, Vorstandsmitglied im Verwaltungsrat der Verbraucherzentrale Bremen, stellv. Mitglied im Beirat Finanzmarktwächter. Mitglied des Bundestages seit Juli 2015. Seit September 2019 Parlamentarische Staatssekretärin beim Bundesminister der Finanzen, seit 2021 Staatsministerin beim Bundeskanzler, Beauftragte der Bundesregierung für die Zusammenarbeit von Bund und Ländern.

SCHNEIDER, Carsten

Bankkaufmann, Staatsminister

Bundeskanzleramt
11012 Berlin

Geboren am 23. Januar 1976 in Erfurt; verheiratet, 2 Kinder.
1982/84 Dorfschule in Klettbach, 1984/91 POS in Erfurt, 1991/94 Johann-Wilhelm-Häßler-Gymnasium in Erfurt, Abitur. 1994/97 Ausbildung zum Bankkaufmann bei der Volksbank Erfurt eG. 1997/98 Zivildienst. 1998 Bankkaufmann bei der Sparkasse Erfurt. 1994 Mitgl. der Jusos, seit 1995 Mitgl. der SPD, 2014/17 stellv. Vors. der SPD Thüringen. 2004/05 Mitgl. im Erfurter Stadtrat. Mitgl. ver.di, ADFC und AWO, VDSF. – Mitglied des Bundestages seit 1998; 2005/13 haushaltspol. Sprecher der SPD-Fraktion, 2013/17 stellv. Vors. und 2017/21 1. Parl. Geschäftsführer der SPD-Fraktion; seit Dez. 2021 Staatsminister beim Bundeskanzler und Beauftragter der BReg. für Ostdeutschland und gleichwertige Lebensverhältnisse.

Dr. KUKIES, Jörg

Staatssekretär

Bundeskanzleramt
11012 Berlin

Geboren am 21. Februar 1968 in Mainz; verheiratet, 1 Tochter. 1988 Abitur am Gutenberg Gymnasium in Mainz. 1990 bis 1994 Studium Sciences Economiques an der Universität Paris I (Pantheon-Sorbonne). 1995 bis 1997 Master of Public Administration an der John F. Kennedy School of Government, Harvard University. 1997 bis 2001 Ph.D. in Finance an der University of Chicago, Graduate School of Business. 2001 bis 2004 Mitarbeiter Produktentwicklung bei Goldman Sachs International, London. 2004 bis 2011 Mitarbeiter, ab 2007 Leiter des Aktiengeschäfts Deutschland/Österreich bei Goldman Sachs International, Zweigniederlassung Frankfurt. 2011 bis 2014 Leiter Aktienderivate für Europa, Naher Osten und Afrika bei Goldman Sachs International, London. 2014 bis 2018 Co-Vorsitzender des Vorstands, Goldman Sachs AG und Leiter der Zweigniederlassung Frankfurt der Goldman Sachs International. April 2018 bis Dezember 2021 Staatssekretär im Bundesministerium der Finanzen. Seit Dezember 2021 Staatssekretär im Bundeskanzleramt.

Bundesministerium für Wirtschaft und Klimaschutz

Scharnhorststraße 34–37, 10115 Berlin
Postanschrift: 11019 Berlin
Telefon: 030 18 615-0
Telefax: 030 18 615-7010

Dienstsitz Bonn:
Villemombler Straße 76, 53123 Bonn
Postanschrift: 53107 Bonn

E-Mail: info@bmwk.bund.de
Internet: www.bmwk.de

Bundesminister
Dr. Robert Habeck

Parlamentarische Staatssekretärin
Dr. Franziska Brantner

Parlamentarischer Staatssekretär
Michael Kellner

Parlamentarischer Staatssekretär
Oliver Krischer

Staatssekretär
Sven Giegold

Staatssekretär
Dr. Patrick Graichen

Staatssekretärin
Anja Hajduk

Staatssekretär
Udo Philipp

Dr. HABECK, Robert

Bundesminister, Schriftsteller

Bundesministerium für Wirtschaft
und Klimaschutz
11019 Berlin

Geboren am 2. September 1969 in Lübeck; verheiratet, 4 Söhne.
1991 Studium der Germanistik, Philosophie und Philologie in Freiburg im Breisgau, 1992/93 Fortführung des Studiums in Roskilde in Dänemark und anschließend in Hamburg, 1996 Magister-Abschluss, 2000 Promotion. 2000/09 Arbeit als freier Schriftsteller. Seit 2002 Mitgl. bei Bündnis 90/Die Grünen. 2002/04 Kreisvors. Bündnis 90/Die Grünen in Schleswig-Flensburg, 2004/09 Landesvors. Bündnis 90/Die Grünen in Schleswig-Holstein, 2008/09 Fraktionsvors. Kreistag Schleswig-Flensburg. 2009/12 Fraktionsvors. im Landtag in Schleswig-Holstein. 2012/17 Stellv. Ministerpräsident und Minister für Energiewende, Landwirtschaft, Umwelt und Ländliche Räume des Landes Schleswig-Holstein, 2017/18 Stellv. Ministerpräsident und Minister für Energiewende, Landwirtschaft, Umwelt, Natur und Digitalisierung des Landes Schleswig-Holstein. Seit Jan. 2018 Parteivors. Bündnis 90/Die Grünen. Englisch, Dänisch. Mitglied des Bundestages seit Okt. 2021. Seit Dez. 2021 Bundesminister für Wirtschaft und Klimaschutz und Stellvertreter des Bundeskanzlers.

Dr. BRANTNER, Franziska

Politikwissenschaftlerin,
Parl. Staatssekretärin

Bundesministerium für Wirtschaft
und Klimaschutz
11019 Berlin

Geboren am 24. August 1979 in Lörrach; 1 Kind.
Deutsch-Französisches Gymnasium Freiburg. Institut d'Etudes Politiques, Paris; Columbia University, New York. Tätigkeiten bei United Nations Development Fund for Women, Bertelsmann Stiftung und der Univ. Mannheim. 2010 Promotion an der Universität Mannheim zum Thema Reformfähigkeit der Vereinten Nationen. Mitgl. Landesvorst. Grüne Jugend Baden-Württemberg, Mitgl. Bundesvorst. Grüne Jugend Baden-Württemberg. Mitgl. des Europäischen Parlaments für Deutschland Juli 2009/Okt. 2013. – Mitglied des Bundestages seit Okt. 2013; bis 2021 Europapolitische Sprecherin und Parl. Geschäftsführerin der Fraktion Bündnis 90/Die Grünen; seit Dez. 2021 Parl. Staatssekretärin beim BMin. für Wirtschaft und Klimaschutz und seit Jan. 2022 Sonderbeauftragte der Bundesregierung für die Umsetzung der internationalen Initiative für mehr Transparenz im rohstoffgewinnenden Sektor (Extractive Industries Transparency Initiative – EITI) in Deutschland (D-EITI).

KELLNER, Michael

Politikwissenschaftler,
Parl. Staatssekretär

Bundesministerium für Wirtschaft
und Klimaschutz
11019 Berlin

Geboren am 8. Mai 1977 in Gera; verheiratet, 2 Kinder.
Aufgewachsen in Thüringen. Später Studium Politikwissenschaften in Potsdam, Canterbury (Großbritannien) und East Lansing (USA). Seit Okt. 2013 Politischer Bundesgeschäftsführer von BÜNDNIS 90/DIE GRÜNEN. Mitglied des Bundestages seit Okt. 2021; seit Dez. 2021 Parl. Staatssekretär beim BMin. für Wirtschaft und Klimaschutz und Beauftragter der BReg. für Mittelstand.

KRISCHER, Oliver

Wissenschaftlicher Mitarbeiter,
Parl. Staatssekretär

Bundesministerium für Wirtschaft
und Klimaschutz
11019 Berlin

Geboren am 26. Juli 1969 in Zülpich; verheiratet, 2 Kinder.
Abitur. Zivildienst. Biologie-Studium an der RWTH Aachen. 1997/2002 Mitarbeiter bei Michaele Hustedt, MdB; 2002/09 Wissenschaftlicher Mitarbeiter der Grünen Landtagsfraktion NRW. Mitglied u. a. bei BUND, NABU, Eurosolar, Tierschutzverein Düren, Mitgl. Rat der Agora Energiewende, des Parl. Beirates des Bundesverbands Erneuerbarer Energien (BEE) und des Beirats der Unternehmensinitiative Energieeffizienz (DENEFF). Seit 1989 Mitgl. der Grünen, Vorstandsmitgl. Bezirksverband Mittelrhein. 1994/2009 Mitgl. des Kreistags Düren, 1997/2009 Vors. der Grünen-Fraktion im Kreistag Düren. Mitglied des Bundestages seit Okt. 2009; 2013/21 stellv. Fraktionsvors. und Politischer Koordinator des AK Umwelt, Energie, Agrar, Verkehr und Bau der Fraktion Bündnis 90/Die Grünen; seit Dez. 2021 Parl. Staatssekretär beim BMin. für Wirtschaft und Klimaschutz.

GIEGOLD, Sven

Wirtschaftswissenschaftler,
Staatssekretär

Bundesministerium für Wirtschaft
und Klimaschutz
11019 Berlin

Geboren am 17. November 1969 in Las Palmas de Gran Canaria; in fester Partnerschaft.
Herschelschule Hannover, 1989 Abitur. Studium Erwachsenenbildung, Politik und Ökonomie in Lüneburg, Bremen und Birmingham (UK), Master of Social Sciences Wirtschaftspolitik und -entwicklung Birmingham 1996. 2008 Eintritt in die Partei Bündnis 90/Die Grünen. Mitglied Attac, Share e.V., BUND, Tax Justice Network. Juli 2009/Dezember 2021 Mitglied des Europäischen Parlaments für Deutschland. Seit Dez. 2021 Staatssekretär im Bundesministerium für Wirtschaft und Klimaschutz.

Dr. GRAICHEN, Patrick

Staatssekretär

Bundesministerium für Wirtschaft
und Klimaschutz
11019 Berlin

Geboren am 11. März 1972 in Bonn; verheiratet, 4 Kinder.
Studium Politik- und Volkswirtschaft in Heidelberg und Cambridge, Promotion zu kommunaler Energiepolitik am Interdisziplinären Institut für Umweltökonomie der Universität Heidelberg. 2001/12 Bundesumweltministerium, zunächst Referent im Referat für internationalen Klimaschutz, dann persönlicher Referent des Staatssekretärs und zuletzt Referatsleiter für Klima- und Energiepolitik. 2012/21 Agora Energiewende, zunächst stellvertretender Direktor, ab 2014 Exektutivdirektor und Geschäftsführer. Seit Dez. 2021 Staatssekretär im Bundesministerium für Wirtschaft und Klimaschutz.

HAJDUK, Anja

Dipl.-Psychologin, Staatssekretärin

Bundesministerium für Wirtschaft
und Klimaschutz
11019 Berlin

Geboren am 8. Juni 1963 in Duisburg.
1982/88 Studium der Psychologie in Düsseldorf und Hamburg. 1989/97 Psychologin im interkulturellen Jugendaustausch. Seit 1995 Mitglied von Bündnis 90/Die Grünen, 2002/08 Landesvors. GAL Hamburg. 1997/2002 Mitgl. der Hamburgischen Bürgerschaft, Parl. Geschäftsführerin der GAL-Fraktion, haushalts- und kulturpolitische Sprecherin; 2011/13 Mitgl. der Hamburgischen Bürgerschaft, stellv. Vors. der Fraktion Bündnis 90/Die Grünen, haushaltspol. Sprecherin. 2008/10 Senatorin für Stadtentwicklung und Umwelt der Freien und Hansestadt Hamburg. Mitglied des Bundestages 2002/08 und 2013/21; 2002/04 stellv. Vors. Haushaltsausschuss, 2004/08 haushaltpolitische Sprecherin der Fraktion BÜNDNIS 90/DIE GRÜNEN, Okt. 2013/18 Parl. Geschäftsführerin, Jan. 2018/Okt. 2021 stellv. Vors. der Fraktion BÜNDNIS 90/DIE GRÜNEN. Seit Dez. 2021 Staatssekretärin im Bundesministerium für Wirtschaft und Klimaschutz.

PHILIPP, Udo

Staatssekretär

Bundesministerium für Wirtschaft
und Klimaschutz
11019 Berlin

Geboren am 25. Februar 1964 in Leipheim; verheiratet, 2 Kinder. Studium der Volkswirtschaft und Politik in Paris und Harvard. 1989/90 Managementtrainee bei der Dresdner Bank in München. 1990/91 Associate bei LEK Consulting in München. 1991/93 Mitarbeiter bei der Treuhandanstalt in Dresden und Berlin. 1993/95 Pers. Referent des Bundeswirtschaftsministers in Bonn. 1995/99 Kaufmännischer Leiter der Bertelsmann Fachinformationen in München. 2000/15 Partner und Senior Partner bei EQT Partners in München. 2016 Autor des Buchs Finanzwende (gemeinsam mit Sven Giegold und Gerhard Schick). 2018 Mitbegründer der Bürgerbewegung Finanzwende. 2015/19 Aufsichtsratsmitgl. der Triodos Bank in Zeist (Niederlande). März 2019/Dez. 2021 Staatssekretär im Finanzministerium des Landes Schleswig-Holstein. Seit Dez. 2021 Staatssekretär im Bundesministerium für Wirtschaft und Klimaschutz.

Bundesministerium der Finanzen

Wilhelmstraße 97, 10117 Berlin
Postanschrift: 11016 Berlin
Telefon: 030 18 682-0
Telefax: 030 18 682-3260

Dienstsitz Bonn:
Am Propsthof 78a, 53121 Bonn
Postanschrift: Postfach 13 08, 53003 Bonn

E-Mail: poststelle@bmf.bund.de
Internet: www.bundesfinanzministerium.de

Bundesminister
Christian Lindner
E-Mail: christian.lindner@bmf.bund.de

Parlamentarische Staatssekretärin
Katja Hessel
E-Mail: katja.hessel@bmf.bund.de

Parlamentarischer Staatssekretär
Dr. Florian Toncar
E-Mail: florian.toncar@bmf.bund.de

Staatssekretär
Werner Gatzer
E-Mail: werner.gatzer@bmf.bund.de

Staatssekretärin
Prof. Dr. Luise Hölscher
E-Mail: luise.hoelscher@bmf.bund.de

Staatssekretär
Dr. Carsten Pillath
E-Mail: carsten.pillath@bmf.bund.de

Staatssekretär
Steffen Saebisch
E-Mail: steffen.saebisch@bmf.bund.de

LINDNER, Christian

Bundesminister

Bundesministerium der Finanzen
11016 Berlin

Geboren am 7. Januar 1979 in Wuppertal.
Abitur 1998. Hauptmann der Rerserve. Studium der Politikwissenschaft, des Öffentlichen Rechts und der Philosophie an der Univ. Bonn, Magister Artium. 1997/2004 in der Werbebranche selbstständig. 2000/11 Teilhaber eines Start-up-Unternehmens. Mitgl. der FDP seit 1995, seit 1998 Mitgl. NRW Landesvorstand der FDP, 2004/10 Generalsekretär der FDP NRW, 2009/11 Generalsekretär der FDP, 2012/17 Landesvors. FDP NRW, seit Dez. 2013 FDP-Bundesvors. Mitglied des Landtags Nordrhein-Westfalen 2000/09 und 2012/17, 2012/17 Vors. der FDP-Fraktion im Landtag. Mitglied des Bundestages 2009/12 und seit Okt. 2017; 2017/21 Vors. der FDP-Fraktion. Seit Dez. 2021 Bundesminister der Finanzen.

HESSEL, Katja

Steuerberaterin, Rechtsanwältin,
Parl. Staatssekretärin

Bundesministerium der Finanzen
11016 Berlin

Geboren am 5. Mai 1972 in Nürnberg; verheiratet.
1991 Abitur. 1991/96 Studium der Rechtswissenschaften, 1996 1. jur. Staatsprüfung, 1998 2. jur. Staatsprüfung. Seit 1999 Rechtsanwältin, 2002 Steuerberater-Examen. Okt. 2008/Okt. 2013 Staatssekretärin im Staatsministerium für Wirtschaft, Infrastruktur, Verkehr und Technologie des Freistaates Bayern. Seit 1999 Mitglied der FDP, 2002/14 Schatzmeisterin FDP BV Mittelfranken, 2014/18 Bezirksvors. FDP Mittelfranken, seit 2018 Kreisvors. FDP Nürnberg, seit 2019 Beisitzerin im Bundesvorstand der FDP und stellv. Vors. FDP Bayern. Schatzmeisterin „Verein Hilfe für Krebskranke Nürnberg e.V.". Mitglied des Bayerischen Landtags 2008/13. Mitglied des Bundestages seit Okt. 2017; 2020/21 Vors. Finanzausschuss; seit Dez. 2021 Parl. Staatssekretärin beim BMin. der Finanzen.

Dr. TONCAR, Florian

Parl. Staatssekretär

Bundesministerium der Finanzen
11016 Berlin

Geboren am 18. Oktober 1979 in Hamburg; verheiratet, 3 Kinder.
1999 Abitur am Goldberg-Gymnasium Sindelfingen. 1999 Grundwehrdienst beim Fernmelderegiment 220 in Donauwörth. 2000/05 Studium der Rechtswissenschaften in Regensburg, Cambridge und Heidelberg; 2005 erstes Juristisches Staatsexamen; 2007 zweites juristisches Staatsexamen; 2012 Promotion zum Dr. jur. an der Eberhard-Karls-Univ. Tübingen. 2009/Dez. 2021 Rechtsanwalt. Mitglied im Bundesvorstand der Freien Demokraten, Vors. des Landesfachausschusses (LFA) Innen und Recht der FDP Baden-Württemberg. Mitglied des Bundestages 2005/13 und seit 2017; 2009/13 Vors. des Finanzmarktgremiums; 2011/13 stellv. Vors. und 2017/21 Parl. Geschäftsführer der FDP-Fraktion; seit Dez. 2021 Parl. Staatssekretär beim BMin. der Finanzen.

GATZER, Werner

Staatssekretär

Bundesministerium der Finanzen
11016 Berlin

Geboren am 4. November 1958 in Bergisch Gladbach; verheiratet, 4 Kinder.
1978 Abitur in Bergisch Gladbach. 1978 bis 1984 Studium der Rechtswissenschaften in Köln; 1984 bis 1987 Referendariat; 1987 bis 1990 Referent bei den Oberfinanzdirektionen Nürnberg und Köln. 1990 Eintritt in das Bundesministerium der Finanzen; 1990 bis 1998 Referent in verschiedenen Referaten der Haushaltsabteilung; 1998 bis 2000 Leiter des Referats für Parlaments- und Kabinettangelegenheiten im Leitungsbereich; 2000 bis 2002 Leiter der Unterabteilung Allgemeines Haushaltswesen; 2002 bis 2005 Leiter des Leitungsstabes des Bundesministeriums der Finanzen; Mai bis November 2005 Geschäftsführer der „Bundesrepublik Deutschland – Finanzagentur GmbH"; Dezember 2005 bis Dezember 2017 Staatssekretär im Bundesministerium der Finanzen. Januar bis März 2018 Vorstandsvorsitzender der DB Station & Service AG. Seit März 2018 wieder Staatssekretär im Bundesministerium der Finanzen.

Prof. Dr. HÖLSCHER, Luise

Staatssekretärin

Bundesministerium der Finanzen
11016 Berlin

Geboren am 21. Juli 1971 in Münster.
1990 Abitur an der Jugenddorf-Christophorusschule in Braunschweig. 1990 bis 1994 Studium der Betriebswirtschaftslehre an der Universität Osnabrück, Diplom-Kauffrau. 1994 bis 1997 Promotionsstudium, angestellt als Wissenschaftliche Mitarbeiterin an den Universitäten Osnabrück (1994 bis 1995) sowie Erlangen-Nürnberg (1995 bis 1997). 1994 bis 2004 diverse Lehraufträge, Lehrstuhlvertretungen und Privatdozenturen an den Universitäten Greifswald, Osnabrück, Erlangen-Nürnberg und Hannover; Mitglied in der akademischen Selbstverwaltung der Universitäten Osnabrück (Fachbereichsrat) und Erlangen-Nürnberg (Senat). 1997 Promotion zum Dr. rer. pol. an der Friedrich-Alexander-Universität Erlangen-Nürnberg. 1997 bis 2003 Habilitation im Fach Betriebswirtschaftslehre an der Friedrich-Alexander-Universität Erlangen-Nürnberg. 2003 bis 2004 Fachreferentin für Steuern, Haushalt und Finanzen beim Wirtschaftsrat der CDU e.V., Managerin in der Steuerberatung bei der Ernst & Young GmbH, Nürnberg. 2004 bis 2010 Professorin für Accounting & Taxation an der Frankfurt School of Finance and Management. 2010 bis 2013 Staatssekretärin im Hessischen Ministerium der Finanzen. 2013 bis 2017 Vizepräsidentin und Chief Administration Officer bei der Europäischen Bank für Wiederaufbau und Entwicklung (EBWE), London. 2018 Senior Advisor als freie Mitarbeiterin bei der Boston Consulting Group (BCG), Frankfurt/Berlin. 2018 bis 2021 Vorstand bei der SRH Holding SdbR, Heidelberg. 2021 Kaufmännische Geschäftsführerin der Robert Bosch Gesellschaft für Medizinische Forschung mbH, Stuttgart. Seit Januar 2022 Staatssekretärin im Bundesministerium der Finanzen.

Dr. PILLATH, Carsten

Staatssekretär

Bundesministerium der Finanzen
11016 Berlin

Geboren am 23. Oktober 1956 in Berlin.
1975 Mathematisch-naturwissenschaftliches Abitur. 1975 bis 1977 Soldat auf Zeit in der Ausbildungskompanie des Wachbataillons beim Bundesminister der Verteidigung. 1977 bis 1985 Studium der Volkswirtschaftslehre an der Universität zu Köln. 1985 bis 1990 Wissenschaftlicher Mitarbeiter am Seminar für Finanzwissenschaft an der Universität zu Köln. 1991 Promotion zum Dr. rer. pol. 1991 bis 1993 Referent im Bundesministerium der Finanzen Bonn, Referat „Bundesbeteiligungen und Treuhandanstalt". 1993 bis 1995 Assistent/Advisor des deutschen Exekutivdirektors im Internationalen Währungsfonds (IWF), Washington D.C. 1995 bis 1998 Referent im Bundesministerium der Finanzen, Referat „Finanzielle Grundsatzfragen der internationalen Politik" und Referat „Europäische Währungsfragen". 1998 bis 1999 Referatsleiter im Bundeskanzleramt, Referat „Außenwirtschaft; Geld und Währung; Finanzmärkte; multinationale Organisationen". 1999 bis 2003 Gruppenleiter im Bundeskanzleramt, Gruppe „Außenwirtschaftspolitik und Sherpa-Stab" und Gruppe „Koordinierung der Europapolitik". 2003 bis 2005 Unterabteilungsleiter im Bundesministerium der Finanzen, Unterabteilung „Grundsatzfragen der Europapolitik, Finanzielle Grundsatzfragen der europäischen Politiken, Europäische Kohäsionspolitik". 2005 bis 2008 Leiter der Europaabteilung im Bundesministerium der Finanzen. 2008 bis 2012 Generaldirektor (Generaldirektion Wirtschaft und Soziales) im Generalsekretariat des Rates der Europäischen Union. 2012 bis 2021 Generaldirektor (Generaldirektion Wirtschaft und Wettbewerbsfähigkeit) im Generalsekretariat des Rates der Europäischen Union. Seit Januar 2022 Staatssekretär im Bundesministerium der Finanzen.

SAEBISCH, Steffen

Staatssekretär

Bundesministerium der Finanzen
11016 Berlin

Geboren am 8. Oktober 1970 in Tübingen.
1990 Abitur in Tübingen. 1992/98 Studium der Rechtswissenschaft in Hamburg. 1999/2001 Rechtsreferendar in Berlin, 2001 Zweites juristisches Staatsexamen. 1999/2002 Wissenschaftlicher Mitarbeiter im Bundestagsbüro von Dr. Heinrich Kolb, MdB. 2001/09 Rechtsanwalt in Berlin. 2002/04 Referent für Sozialpolitik in der Bundestagsfraktion der Freien Demokratischen Partei. 2004/08 Geschäftsführer der FDP-Fraktion im Abgeordnetenhaus von Berlin. 2008/09 Leiter des Planungsstabes der FDP-Bundestagsfraktion. 2009/14 Staatssekretär im Hessischen Ministerium für Wirtschaft, Verkehr und Landesentwicklung. 2014/21 Hauptgeschäftsführer der Friedrich-Naumann-Stiftung für die Freiheit. Seit Dezember 2021 Staatssekretär im Bundesministerium der Finanzen.

Bundesministerium des Innern und für Heimat

Alt-Moabit 140, 10557 Berlin
Postanschrift: 11014 Berlin
Telefon: 030 18 681-0
Telefax: 030 18 681-12926

Dienstsitz Bonn:
Graurheindorfer Straße 198
53117 Bonn

E-Mail: poststelle@bmi.bund.de
Internet: www.bmi.bund.de

Bundesministerin
Nancy Faeser
E-Mail: vorzimmerminister@bmf.bund.de

Parlamentarischer Staatssekretär
Mahmut Özdemir
E-Mail: mahmut.oezdemir@bmi.bund.de

Parlamentarischer Staatssekretär
Johann Saathoff
E-Mail: johann.saathoff@bmi.bund.de

Parlamentarische Staatssekretärin
Rita Schwarzelühr-Sutter
E-Mail: rita.schwarzeluehr-sutter@bmi.bund.de

Staatssekretär
Hans-Georg Engelke
E-Mail: StE@bmi.bund.de

Staatssekretär
Dr. Markus Richter
E-Mail: markus.richter@bmi.bund.de

Staatssekretärin
Juliane Seifert
E-Mail: juliane.seifert@bmi.bund.de

Staatssekretär
Dr. Helmut Teichmann
E-Mail: helmut.teichmann@bmi.bund.de

FAESER, Nancy

Rechtsanwältin, Bundesministerin

Bundesministerium des Innern
und für Heimat
11014 Berlin

Geboren am 13. Juli 1970 in Bad Soden am Taunus; verheiratet, 1 Kind. 1977/81 Grundschule Geschwister-Scholl-Schule Schwalbach, 1981/87 Gesamtschule Friedrich-Ebert-Schule Schwalbach, 1987/90 Albert-Einstein-Gymnasium, Abitur. 1990/96 Studium der Rechtswissenschaften an der Johann Wolfgang Goethe-Universität Frankfurt am Main, Abschluss 1. Staatsexamen, 1998/2000 Rechtsreferendariat am LG Frankfurt am Main mit Abschluss 2. Staatsexamen. 2000/07 angestellte Rechtsanwältin bei Clifford, Chance in Frankfurt am Main, ab 2007 angestellte Rechtsanwältin bei GÖRG Partnerschaft von Rechtsanwälten mbH in Frankfurt am Main. Seit 1988 Mitglied der SPD, seit 1996 Ortsvereinsvorsitzende der SPD Schwalbach am Taunus, 1998/2008 sowie seit 2015 stellv. Unterbezirksvorsitzende der SPD Main-Taunus, seit 2000 Mitglied des Bezirksvorstandes der SPD Hessen-Süd, 2008/15 Unterbezirksvorsitzende der SPD Main-Taunus, 2014/19 Generalsekretärin der SPD Hessen, seit 3. November 2019 Vorsitzende der SPD Hessen. Seit 1993 Mitglied des Kreistags des Main-Taunus-Kreises, seit 2006 Mitglied der Stadtverordnetenversammlung der Stadt Schwalbach am Taunus. Mitglied des Hessischen Landtags 2003/08 und 2009/21; 2019/21 Fraktionsvorsitzende der SPD-Fraktion. Seit Dezember 2021 Bundesinnenministerin.

ÖZDEMIR, Mahmut

Rechtsreferendar (beurlaubt),
Parl. Staatssekretär

Bundesministerium des Innern
und für Heimat
11014 Berlin

Geboren am 23. Juni 1987 in Duisburg.
1997/2006 Franz-Haniel-Gymnasium Duisburg, Abitur. 2006/10 Heinrich-Heine-Univ. Düsseldorf Jurastudium mit Schwerpunkt „Öffentliches Recht", 2011 1. jur. Staatsexamen, 2011/Mai 2013 jur. Vorbereitungsdienst als Rechtsreferendar am Oberlandesgericht Düsseldorf. 2007/13 Mitarbeiter der SPD-Landtagsfraktion Nordrhein-Westfalen. Mitglied Freundeskreis Historisches Homberg e.V., Vorstand Freundeskreis der Juristischen Fakultät zu Düsseldorf e.V., Arbeiterwohlfahrt e.V. Kreisverband Duisburg, Ortsgruppe Homberg, Baerler Heimat- und Bürgerverein 1988 e.V., MSV Duisburg e.V., proDUISBURG e.V., Förderverein der Kinder- und Jugendklinik Helios St. Johannes Klinik Duisburg-Hamborn, „Mach meinen Kumpel nicht an – für Gleichbehandlung, gegen Fremdenfeindlichkeit und Rassismus" e.V., Feuerwehrverein Duisburg-Homberg e.V., Karnevalsgesellschaft Narrenzunft Homberg 1957 e.V., Fördermitglied Hauptausschuss Duisburger Karneval e.V., Römergarde der Stadt Duisburg MMIV e.V., VfB Homberg e.V., Ehrenmitglied TIAD e.V., Förderverein Universität Duisburg-Essen e.V., Reichsbanner Schwarz-Rot-Gold, Bund aktiver Demokraten e.V., Politischer Beirat des Wirtschaftsforums der SPD e.V., Vors. vom Beirat der AWO-Duisburg-Stiftung, seit Juni 2010 Mitglied der IG Bergbau, Chemie, Energie. Mitglied des Bundestages seit Okt. 2013; seit Dez. 2021 Parl. Staatssekretär bei der BMin. des Innern und für Heimat.

SAATHOFF, Johann

Dipl.-Verwaltungswirt (FH), Bürgermeister a. D., Parl. Staatssekretär

Bundesministerium des Innern
und für Heimat
11014 Berlin

Geboren am 9. Dezember 1967 in Emden; verheiratet, 5 Kinder.
1987 Abitur am Johannes-Althuisius-Gymnasium in Emden. 1990 bis 1993 Bezirksregierung Weser-Ems, zuletzt Regierungsinspektor z. A., 1993 bis 2000 Fachhochschule Ostfriesland, zuletzt Regierungsoberamtsrat. 2003 bis 2013 hauptamtlicher Bürgermeister der Gemeinde Krummhörn. Mitgl. Arbeiterwohlfahrt, ver.di, Sozialverband Deutschland. Mitgl. der SPD. Mitglied des Bundestages seit Oktober 2013; seit 2018 Vors. der Landesgruppen Niedersachsen/Bremen der SPD-Fraktion, seit 2014 Vors. der SPD-Küstengang; seit Aug. 2020 Koordinator für die zwischengesellschaftliche Zusammenarbeit mit Russland, Zentralasien und den Ländern der Östlichen Partnerschaft; seit Dez. 2021 Parl. Staatssekretär bei der BMin. des Innern und für Heimat.

SCHWARZELÜHR-SUTTER, Rita

Dipl.-Betriebswirtin,
Parl. Staatssekretärin

Bundesministerium des Innern
und für Heimat
11014 Berlin

Geboren am 13. Oktober 1962 in Waldshut; verheiratet, 2 erwachsene Kinder.
1982 Abitur am Hochrhein-Gymnasium Waldshut. 1983 bis 1989 Studium der Wirtschaftswissenschaften in Freiburg im Breisgau und Zürich (Schweiz), Abschluss mit dem Lizenziat der Wirtschaftswissenschaft, Richtung Betriebswirtschaft, Diplom Betriebswirt an der Universität Zürich. 1992 bis 1996 tätig als Marketing-Assistentin, 1997 bis 2005 Beratung und Kommunikation für Karin Rehbock-Zureich, MdB, März bis November 2010 Unternehmensberaterin. Seit 1994 Mitglied der SPD, seit 1999 stellvertretende Vorsitzende des Kreisverbandes Waldshut, der Arbeitsgemeinschaft Sozialdemokratischer Frauen (ASF), seit 2001 Vorsitzende des SPD-Kreisverbands Waldshut, seit 2007 Mitglied im Landesvorstand der SPD Baden-Württemberg. Seit 2004 Mitglied im Kreistag Landkreis Waldshut. Mitglied bei ver.di, AWO, KLAR – Kein Leben mit atomaren Risiken e.V., Hospitzdienst e.V., Gegen Vergessen – Für Demokratie e.V., Eurosolar – Europäische Vereinigung für Erneuerbare Energien e.V. Mitglied des Bundestages 2005 bis 2009 und seit Oktober 2010; Dez. 2013/Mrz. 2018 Parl. Staatssekretärin bei der Bundesministerin für Umwelt, Naturschutz, Bau und Reaktorsicherheit, Mrz. 2018/Dez. 2021 Parl. Staatssekretärin bei der Bundesministerin für Umwelt, Naturschutz und nukleare Sicherheit; von Amts wegen Vorsitzende des Kuratoriums der Deutschen Bundesstiftung Umwelt (DBU) und Vorsitzende des Aufsichtsrats der Gesellschaft für Anlagen- und Reaktorsicherheit (GRS) mbH sowie Mitglied des Mittelstandsrates der Kreditanstalt für Wiederaufbau (KfW), seit Dez. 2021 Parl. Staatssekretärin bei der BMin. des Innern und für Heimat.

ENGELKE, Hans-Georg

Staatssekretär

Bundesministerium des Innern
und für Heimat
11014 Berlin

Geboren am 7. März 1964 in Frankfurt am Main; verheiratet, 2 Kinder. Studium der Rechtswissenschaften in Frankfurt am Main und Bonn. 1994 bis 1999 Staatsanwalt in Berlin. 1999 bis 2003 Referent im Bundesministerium des Innern, 2003 bis 2006 Referatsleiter. 2006 bis 2010 Leiter der Abteilung Terrorismus/Islamismus im Bundesamt für Verfassungsschutz. 2010 bis 2014 verschiedene Leitungsfunktionen im Bereich der Bundespolizei und der Terrorismusbekämpfung im Bundesministerium des Innern. 2014 bis 2015 Leiter des Leitungsstabs des BMI. Seit August 2015 Staatssekretär im Bundesministerium des Innern.

Dr. RICHTER, Markus

Staatssekretär

Bundesministerium des Innern
und für Heimat
11014 Berlin

Geboren 1976 in Münster.
Schulische Ausbildung in Münster, 1996 Grundwehrdienst beim I. Deutsch-Niederländischen Korps. Studium der Rechtswissenschaften mit Aufenthalten in Nairobi sowie Vancouver, Promotion zum Dr. jur. an der Universität Münster. 2005 Eintritt als Referent in das Bundesamt für Migration und Flüchtlinge (BAMF), Einsätze unter anderem im Personalwesen, in der Organisation, im Büro des Präsidenten sowie in den Grundsatzfragen der Integration und Migration. 2014 bis 2015 Referatsgruppenleiter bei der Bundesstelle für Informationstechnik (BIT) im Bundesverwaltungsamt, Koordination von IT-Dienstleistungen für Kundenbehörden. Ab November 2015 Aufbau und Leitung der neuen Abteilung „Infrastruktur/IT" im BAMF. 2017 Auszeichnung als Europas CIO des Jahres. Juni 2018 bis April 2020 Vizepräsident beim Bundesamt für Migration und Flüchtlinge. Seit Mai 2020 Staatssekretär im Bundesministerium des Innern und Beauftragter der Bundesregierung für Informationstechnik (CIO).

SEIFERT, Juliane

Staatssekretärin

Bundesministerium des Innern
und für Heimat
11014 Berlin

Geboren am 16. Januar 1978 in Kiel.
1997 Abitur am Gymnasium Christian Ernestinum, Bayreuth. 1997/2000 Heinrich-Heine-Universität Düsseldorf, Studium der Neueren und Neuesten Geschichte, Politikwissenschaft und Alte Geschichte. 2002/03 Universitá degli Studi di Firenze, Studium der Neueren Geschichte und Politikwissenschaft (Erasmus). 2000/04 Humboldt Universität zu Berlin, Studium der Neueren und Neuesten Geschichte sowie Politikwissenschaft und Alte Geschichte, Abschluss Magister Artium. 2005 Friedrich-Ebert-Stiftung Büro Sarajevo, freie Mitarbeiterin. 2005/06 Deutscher Bundestag, Leiterin des Büros von Katja Mast, MdB. 2006/11 Beauftragter der Bundesregierung für die neuen Länder (bis 2009 im Bundesministerium für Verkehr, Bau und Stadtentwicklung, 2009/11 im Bundesministerium des Inneren), Referentin im Referat Arbeit, Soziales, Fachkräfte. 2007/08 Deutsch-französischer Master of European Governance and Administration an der École Nationale d'Administration, Université Paris I Sorbonne, Universität Potsdam. 2011/12 Universität Potsdam, Lehrauftrag am Lehrstuhl für Politikwissenschaft, Verwaltung und Organisation der Wirtschafts- und Sozialwissenschaftlichen Fakultät (Wintersemester 2011/12). 2011/13 Vertretung des Landes Rheinland-Pfalz beim Bund; Referatsleiterin Arbeit, Soziales, Gesundheit und Demografie. 2013/16 Staatskanzlei Rheinland-Pfalz; Koordination des Referats Politische Planung und gesellschaftliche Analysen. 2016/17 Bundesgeschäftsführerin der SPD. März 2018/Dezember 2021 Staatssekretärin im Bundesministerium für Familie, Senioren, Frauen und Jugend. Seit Dezember 2021 Staatssekretärin im Bundesministerium des Innern und für Heimat.

Dr. TEICHMANN, Helmut

Staatssekretär

Bundesministerium des Innern
und für Heimat
11014 Berlin

Geboren am 15. Januar 1959 in Gütersloh; verheiratet, 2 Söhne, 1 Tochter.
1978 Abitur in Gütersloh. 1978 bis 1981 Polizeivollzugsbeamter im Dienste des Landes NRW. 1981 bis 1986 Studium der Rechtswissenschaften an den Universitäten Bielefeld und Münster, 1986 Erste juristische Staatsprüfung. 1987 Promotionsstudium Universität Münster. 1988 bis 1991 juristischer Vorbereitungsdienst, 1991 Zweite juristische Staatsprüfung. 1991 bis 1995 Eintritt in das Bundesministerium des Innern als Referent im Grundsatzreferat der Abteilung Bundesgrenzschutz. 1996 bis 1999 Persönlicher Referent des Sicherheitsstaatssekretärs. 2000 bis 2003 Referatsleiter „Organisierte Kriminalität, Geldwäsche". 2003 bis 2004 Referatsleiter „Bürokratieabbau". 2004 bis 2008 Referatsleiter „Polizeiliche Grundsatzfragen, Fachaufsicht Bundeskriminalamt". 2008 Referatsleiter „Internationale polizeiliche Angelegenheiten". 2008 bis 2009 Referatsleiter „Internationale grenzpolizeiliche Angelegenheiten", dabei zuständig für alle deutschen Polizeivollzugsbeamten in Auslandsmissionen. 2010 bis 2011 Leiter Leitungsstab im Bundesministerium des Innern. 2011 bis 2013 Leiter Leitungsstab zugleich Leiter Ministerbüro im Bundesministerium der Verteidigung. 2013 bis 2014 Leiter Leitungsstab im Bundesministerium des Innern. Juni 2014 bis März 2018 Leiter der Abteilung B Angelegenheiten der Bundespolizei im Bundesministerium des Innern. Seit März 2018 Staatssekretär im Bundesinnenministerium.

Auswärtiges Amt

Werderscher Markt 1, 10117 Berlin
Postanschrift: 11013 Berlin
Telefon: 030 18 17-0
Telefax: 030 18 17-3402

Dienstsitz Bonn:
Adenauerallee 99-103, 53113 Bonn
Postanschrift: Postfach 1148, 53001 Bonn

E-Mail: poststelle@auswaertiges-amt.de
Internet: www.auswaertiges-amt.de

Bundesministerin
Annalena Baerbock
E-Mail: annalena.baerbock@auswaertiges-amt.de

Staatsministerin
Katja Keul
E-Mail: katja.keul@auswaertiges-amt.de

Staatsminister
Tobias Lindner
E-Mail: tobias.lindner@auswaertiges-amt.de

Staatsministerin
Dr. Anna Lührmann
E-Mail: anna.luehrmann@auswaertiges-amt.de

Staatssekretärin
Susanne Baumann
E-Mail: susanne.baumann@auswaertiges-amt.de

Staatssekretär
Andreas Michaelis
E-Mail: andreas.michaelis@auswaertiges-amt.de

BAERBOCK, Annalena

Bundesministerin, Völkerrechtlerin

Auswärtiges Amt
11013 Berlin

Geboren am 15. Dezember 1980 in Hannover; verheiratet, 2 Töchter. 2000 Abitur. 2000/05 Studium Politische Wissenschaft mit Vordiplom an der Univ. Hamburg und Public International Law mit Abschluss Master of Laws, LL.M. an der London School of Economics and Political Science. 2005/08 Mitarbeiterin und Büroleiterin von Elisabeth Schroedter, MdEP. 2008/09 Referentin für Außen- und Sicherheitspolitik, Bundestagsfraktion BÜNDNIS 90/DIE GRÜNEN. 2008 Zulassung zur Promotion Freie Univ. Berlin, nicht abgeschlossen. 2009/13 Parteivors. BÜNDNIS 90/DIE GRÜNEN Brandenburg, seit 2018 Parteivors. BÜNDNIS 90/DIE GRÜNEN. Seit Dez. 2021 Bundesministerin des Auswärtigen. – Mitglied des Bundestages seit Okt. 2013.

KEUL, Katja

Rechtsanwältin, Staatsministerin

Auswärtiges Amt
11013 Berlin

Geboren am 30. November 1969 in Berlin; verheiratet, 3 Kinder. 1987 Highschool Abschluss Jacksonville, Florida, 1989 Abitur am Albert-Schweitzer-Gymnasium Nienburg/Weser. 1989/94 Studium der Rechtswissenschaften in Heidelberg, 1994/97 Referendariat am Landgerichtsbezirk Frankfurt/Oder. Seit 2000 Fachanwältin für Familienrecht, selbstständig. 2006 Eintritt in Bündnis 90/Die Grünen. Mitglied des Bundestages seit Okt. 2009; seit Dez. 2021 Staatsministerin bei der BMin. des Auswärtigen.

Dr. LINDNER, Tobias

Wirtschaftswissenschaftler,
Staatsminister

Auswärtiges Amt
11013 Berlin

Geboren am 11. Januar 1982 in Karlsruhe.
Abitur am Europa-Gymnasium Wörth am Rhein. 2002/07 Studium der Technischen Volkswirtschaftslehre Univ. Karlsruhe (TH), Abschluss als Technischer Diplom-Volkswirt 2007; 2011 Promotion zum Doktor der Wirtschaftswissenschaften (summa cum laude) „Zur Manipulierbarkeit der Allokation öffentlicher Güter" 2001/02 Zivildienst an der Landesanstalt für Umweltschutz Baden-Württemberg. 2007/11 Wissenschaftl. Mitarbeiter am Karlsruher Institut für Technologie. Seit 1998 Mitgl. BÜNDNIS 90/DIE GRÜNEN, seit Nov. 2004 Vors. Kreisverband Germersheim und Stadtverband Wörth. 2005, 2009, 2013 und 2017 Direktkandidat für den Deutschen Bundestag. Jan. 2007/Juli 2011 Mitgl. Kreistag Germersheim, 2009/Juli 2011 Mitgl. Stadtrat Wörth am Rhein, 2009/Juli 2011 Vors. der Kreistagsfraktion. – Mitglied des Bundestages seit Juni 2011; 19. Wahlperiode Sprecher für Sicherheitspolitik der Fraktion BÜNDNIS 90/DIE GRÜNEN; Vors. der Landesgruppe BÜNDNIS 90/DIE GRÜNEN Rheinland-Pfalz; seit Dez. 2021 Staatsminister bei der BMin. des Auswärtigen.

Dr. LÜHRMANN, Anna

Politikwissenschaftlerin,
Staatsministerin

Auswärtiges Amt
11013 Berlin

Geboren am 14. Juni 1983 in Lich; verheiratet.
2009/11 Sudan, Master in „Gender and Peace Studies", Tätigkeiten für das Entwicklungsprogramm der Vereinten Nationen (UNDP), 2011/15 Master und Promotion in Politikwissenschaft (HU Berlin) über Demokratieförderung, 2015/18 Postdoc an der Univ. Göteborg, 2018/20 stellv. Direktorin des Varieties of Democracy (V-Dem) Instituts, 2018/21 Juniorprofessorin an der Univ. Göteborg. 1996/98 Sprecherin Junge Grüne Kassel, 1998/99 und 2000/02 Mitglied Landesvorstand Grüne Jugend Hessen. Mitglied des Bundestages 2002/09 und seit Okt. 2021; seit Dez. 2021 Staatsministerin für Europa bei der BMin. des Auswärtigen, Beauftragte für die deutsch-französische Zusammenarbeit.

BAUMANN, Susanne

Staatssekretärin

Auswärtiges Amt
11013 Berlin

Geboren am 16. März 1965 in Singen; verheiratet, 1 Kind.
1990 bis 1992 Studium der Rechtswissenschaften an der Rheinischen Friedrich-Wilhelm-Universität Bonn. 1993 Eintritt in den Auswärtigen Dienst. 1994 bis 1995 Arbeitsstab „Zukunftsperspektiven Auswärtiger Dienst". 1995 bis 1998 Ständige Vertreterin an der Botschaft Phnom Penh, Kambodscha. 1998 bis 2002 Referat Öffentlichkeitsarbeit, Auswärtiges Amt. 1999 bis 2000 Leiterin des Koordinierungsbüros der Bundesregierung in Prizren, Kosovo. 2002 bis 2006 Botschaft Kuala Lumpur, Malaysia. 2006 bis 2010 Parlaments- und Kabinettsreferat, Auswärtiges Amt. 2010 bis 2011 Politische Beraterin des Leiters Einsatzführungsstab, Bundesverteidigungsministerium. 2011 bis 2013 Leiterin des Referats für nukleare Abrüstung, Rüstungskontrolle und Nichtverbreitung, Auswärtiges Amt. 2013 bis 2015 Leiterin des Referats Sicherheits- und Abrüstungspolitik; Bilaterale Beziehungen zu den USA, Kanada; Nord-, West- und Südeuropa sowie zur Türkei, Bundeskanzleramt. 2015 bis 2018 Stellvertretende Beauftragte der Bundesregierung für Fragen der Abrüstung und Rüstungskontrolle, Auswärtiges Amt. Juli 2018 bis Dezember 2021 Leiterin der Abteilung OR für internationale Ordnung, Vereinte Nationen und Rüstungskontrolle sowie Beauftragte der Bundesregierung für Fragen der Abrüstung und Rüstungskontrolle. Seit Dezember 2021 Staatssekretärin des Auswärtigen Amtes.

MICHAELIS, Andreas

Staatssekretär

Auswärtiges Amt
11013 Berlin

Geboren am 24. Juli 1959 in Hannover; verheiratet, 3 Kinder.
1979 bis 1981 Wehrdienst. 1981 bis 1987 Studium der Politikwissenschaften, Philosophie und Anglistik, 1984 bis 1985 Gaststudent am Magdalen College, Oxford. 1987 Staatsexamen, Universität Hannover. 1987 bis 1989 Michael Wills Stipendiat der Universität Oxford, Studium der Politikwissenschaften, Philosophie und Wirtschaftswissenschaften, 1989 Abschluss Master of Letters. 1989 Eintritt in den Auswärtigen Dienst. 1989 bis 1991 Ausbildung an der Schule des Auswärtigen Amts in Bonn. 1991 bis 1992 Referent im Büro des Staatsministers im Auswärtigen Amt, Helmut Schäfer. 1992 bis 1995 1. Sekretär (Politische Angelegenheiten) an der Botschaft Tel Aviv. 1995 bis 1998 Vortragender Legationsrat in der UN-Abteilung des Auswärtigen Amts. 1998 bis 1999 stellvertretender Sprecher und 1999 bis 2002 Sprecher des Auswärtigen Amts. 2002 bis 2006 Botschafter in Singapur. 2006 bis 2007 Beauftragter für Asien- und Pazifikpolitik im Auswärtigen Amt. 2007 bis 2011 Beauftragter für Nah- und Mittelostpolitik und den Maghreb im Auswärtigen Amt. Juli 2011 bis Juli 2015 Botschafter in Tel Aviv. Juli 2015 bis März 2018 Politischer Direktor, März 2018 bis April 2020 Staatssekretär des Auswärtigen Amts. Mai 2020 bis Dez. 2021 Botschafter der Bundesrepublik Deutschland in London. Seit Jan. 2021 Staatssekretär des Auswärtigen Amtes.

Bundesministerium der Justiz

Mohrenstraße 37, 10117 Berlin
Postanschrift: 11015 Berlin
Telefon: 030 18 580-0
Telefax: 030 18 580-9525

Dienstsitz Bonn:
Adenauerallee 99–103, 53113 Bonn
Postanschrift: Postfach 2040, 53010 Bonn

E-Mail: poststelle@bmj.bund.de
Internet: www.bmj.de

Bundesminister
Dr. Marco Buschmann
E-Mail: minb@bmj.bund.de

Parlamentarischer Staatssekretär
Benjamin Strasser
E-Mail: buero-pst-strasser@bmj.bund.de

Staatssekretärin
Dr. Angelika Schlunck
E-Mail: stn-schlunck@bmj.bund.de

Dr. BUSCHMANN, Marco

Bundesminister

Bundesministerium der Justiz
11015 Berlin

Geboren am 1. August 1977 in Gelsenkirchen; verheiratet.
1988/97 Max-Planck-Gymnasium in Gelsenkirchen-Buer, Abitur. 1997/98 Zivildienst am Bruder-Jordan-Haus in Gelsenkirchen-Buer. 1998/2004 Studium der Rechtswissenschaft Friedrich-Wilhelms-Univ. Bonn, 2004 Erstes jur. Staatsexamen OLG Düsseldorf, 2005/07 Juristischer Vorbereitungsdienst am LG Essen, 2007 Zweites jur. Staatsexamen OLG Hamm und Zulassung als Rechtsanwalt. 2007/14 Rechtsanwalt in einer internationalen Sozietät. 2016 Promotion. Mitglied in der Rechtsanwaltskammer Hamm. 1994 Eintritt in die FDP, Mitglied der Jungen Liberalen und der Liberalen Juristen. Seit 2010 Kreisvors. der FDP Gelsenkirchen, 2012/14 Generalsekretär der FDP NRW, 2014/17 Bundesgeschäftsführer der FDP, seit 2017 Mitglied im Präsidium der FDP. Seit Dez. 2021 Bundesminister der Justiz. – Mitglied des Bundestages 2009/13 und seit 2017; 2017/21 Erster Parlamentarischer Geschäftsführer der FDP-Fraktion.

STRASSER, Benjamin

Rechtsanwalt, Parl. Staatssekretär

Bundesministerium der Justiz
11015 Berlin

Geboren am 9. Februar 1987 in Weingarten.
Mittlere Reife an der Realschule St. Konrad in Ravensburg, Abitur am Wirtschaftsgymnasium. Anschl. Studium der Rechtswissenschaften an der Univ. Konstanz, zweijähriges Referendariat am Landgericht Stuttgart. Tätigkeit als parlamentarischer Berater für den ehemaligen Justizminister Prof. Dr. Ulrich Goll, MdL, Mai 2016/Sept. 2017 Syndikusrechtsanwalt der LHP Dienstleistungs- und Bildungsgesellschaft mbH mit dem Schwerpunkt Arbeitsrecht, freiberuflicher Rechtsanwalt. Mitgl. der FDP, seit 2013 Mitgl. des Landesvorst. der FDP Baden-Württemberg. Seit 2014 Gemeinderat Berg, Landkreis Ravensburg, seit 2019 3. stellv. Bürgermeister, Gemeinde Berg, Landkreis Ravensburg, seit 2019 Kreisrat Ravensburg. Seit 2018 Mitgl. Beirat des Zukunftsforums Öffentliche Sicherheit e.V., seit 2019 Präsident Bundesmusikverband Chor und Orchester e.V. – Mitglied des Bundestages seit Okt. 2017; in der 19. WP Obmann der FDP-Fraktion im Innenausschuss, Sprecher für Kirchen, Religions- und Weltanschauungsgemeinschaften, Antisemitismusbeauftragter; seit Dez. 2021 Parl. Staatssekretär beim BMin. der Justiz.

Dr. SCHLUNCK, Angelika

Staatssekretärin

Bundesministerium der Justiz
11015 Berlin

Geboren am 3. Mai 1960 in Ulm; verheiratet.
1979/84 Studium der Rechtswissenschaften in München und Genf, Erstes Juristisches Staatsexamen. 1984/87 Rechtsreferendariat, Zweites Juristisches Staatsexamen in Bayern. 1990 Promotion. 1996/97 Masters in Public Administration, Kennedy School of Government, Harvard University, Cambridge, USA. 2000/01 Berufsbegleitendes Studium am Institut des Hautes Etudes de la Sécurité Intérieure des französischen Innenministeriums, Paris. 1988/91 Staatsanwältin, Staatsanwaltschaft München II. 1991/99 Referentin, Bundesministerium der Justiz, Bonn und Berlin. 2000/01 Verbindungsbeamtin des Bundesministeriums der Justiz im französischen Justizministerium, Paris. 2002/10 Referatsleiterin, Bundesministerium der Justiz, Berlin. 2010/13 Leiterin der Vertretung des Freistaates Bayern bei der EU, Brüssel. 2014/21 Stellv. Chefin des Bundespräsidialamtes und Leiterin der Abteilung Zentrale Dienste des Bundespräsidialamtes. Seit Dez. 2021 Staatssekretärin im Bundesministerium der Justiz, Berlin.

Bundesministerium für Arbeit und Soziales

Wilhelmstraße 49, 10117 Berlin
Postanschrift: 11017 Berlin
Telefon: 030 18 527-0
Telefax: 030 18 527-1830

Dienstsitz Bonn:
Rochusstraße 1, 53123 Bonn
Postanschrift: 53107 Bonn

E-Mail: poststelle@bmas.bund.de
Internet: www.bmas.de

Bundesminister
Hubertus Heil
E-Mail: ministerbuero@bmas.bund.de

Parlamentarische Staatssekretärin
Kerstin Griese
E-Mail: kerstin.griese@bmas.bund.de

Parlamentarische Staatssekretärin
Anette Kramme
E-Mail: anette.kramme@bmas.bund.de

Staatssekretärin
Leonie Gebers
E-Mail: leonie.gebers@bmas.bund.de

Staatssekretär
Dr. Rolf Schmachtenberg
E-Mail: rolf.schmachtenberg@bmas.bund.de

HEIL, Hubertus

Politikwissenschaftler, Bundesminister

Bundesministerium für Arbeit
und Soziales
11017 Berlin

Geboren am 3. November 1972 in Hildesheim; verheiratet, 2 Kinder. Abitur am Gymnasium am Silberkamp Peine. Zivildienst beim Paritätischen Wohlfahrtsverband Peine. Studium der Politikwissenschaft und Soziologie an der Univ. Potsdam, Abschluss an der FernUniversität Hagen. Mitarbeiter im Landtag Brandenburg, 1998 Mitarbeiter einer Bundestagsabgeordneten. Herausgeber der Zeitschrift „Berliner Republik". Mitglied AWO, IG Metall, Mitglied VfB Peine, TSV Bildung Peine, KfW Bank, Stiftung Neue Verantwortung, Friedrich-Ebert-Stiftung, Leibniz-Gemeinschaft. 1988 Eintritt in die SPD, Mitglied der SGK; November 2005 bis November 2009 und Juni 2017 bis Dezember 2017 Generalsekretär der SPD, seit Dezember 2009 Vorsitzender des SPD-Bezirks Braunschweig, seit Dezember 2011 Mitglied SPD-Parteivorstand, seit Dezember 2019 stellvertretender Vorsitzender der SPD. Mitglied des Bundestages seit 1998; Oktober 2009 bis Mai 2017 und Dezember 2017 bis März 2018 stellvertretender Vorsitzender der SPD-Fraktion; seit März 2018 Bundesminister für Arbeit und Soziales.

GRIESE, Kerstin

Historikerin, Parl. Staatssekretärin

Bundesministerium für Arbeit
und Soziales
11017 Berlin

Geboren am 6. Dezember 1966 in Münster (Westfalen).
1985 Abitur in Düsseldorf. Studium der Neueren Geschichte, Osteuropäische Geschichte und Politikwissenschaft an der Heinrich-Heine-Universität Düsseldorf, 1997 Magister Artium. 1987 bis 1997 freie und 1997 bis 2000 Wissenschaftliche Mitarbeiterin der Mahn- und Gedenkstätte für die Opfer des Nationalsozialismus in Düsseldorf. 1986 Eintritt in die SPD; 1989/90 AStA-Vorsitzende; 1989 bis 1993 Mitglied Bundesvorstand Juso-Hochschulgruppen und Juso-Bundesvorstand; 1995 bis 2011 und seit 2013 Mitglied SPD-Parteivorstand. Seit 2003 Mitglied der Synode und seit November 2015 Mitglied im Rat der EKD, 2009/10 Vorstand Sozialpolitik des Diakonischen Werkes der EKD e.V.; Mitglied Berliner Republik e.V., Willy-Brandt-Zentrum Jerusalem, Deutsch-Israelische Gesellschaft, Gesellschaft für christlich-jüdische Zusammenarbeit, Gegen Vergessen – für Demokratie, Kinderschutzbund, IG BCE, AWO, ASB, Pro Asyl. Mitglied des Bundestages Mai 2000 bis Oktober 2009 und seit Juli 2010; in der 15. und 16. Wahlperiode Vorsitzende Ausschuss für Familie, Senioren, Frauen und Jugend; in der 16. Wahlperiode und seit November 2011 Beauftragte der SPD-Fraktion für Kirchen und Religionsgemeinschaften, 2013 bis 2018 Vorsitzende Ausschuss für Arbeit und Soziales, in der 18. Wahlperiode stellvertretende Vorsitzende Deutsch-Israelische Parlamentariergruppe; seit März 2018 Parlamentarische Staatssekretärin beim Bundesminister für Arbeit und Soziales.

KRAMME, Anette

Parl. Staatssekretärin, Rechtsanwältin
und Fachanwältin für Arbeitsrecht

Bundesministerium für Arbeit
und Soziales
11017 Berlin

Geboren am 10. Oktober 1967 in Essen.
Abitur, Gymnasium a. d. Wolfskuhle, Essen. Studium der Rechtswissenschaft an der Universität Bayreuth, zwei Staatsexamina. Rechtsanwältin und Fachanwältin für Arbeitsrecht, Partnerin der Kanzlei Kramme, Günther und Kollegen. 1988 Eintritt in die SPD, seit 2007 Mitglied im Landesvorstand der BayernSPD, seit 2009 Mitglied im Präsidium der BayernSPD, 2011 bis 2013 Mitglied im SPD-Bundesvorstand. Mitgliedschaften bei AWO, VdK, ver.di, IG Metall. Mitglied des Bundestages seit 1998; 2009 bis 2013 Sprecherin der SPD-Fraktion für Arbeit und Soziales; seit 17. Dezember 2013 Parlamentarische Staatssekretärin bei der Bundesministerin, seit März 2018 beim Bundesminister für Arbeit und Soziales (statusrechtlich Oktober 2017/März 2018 bei der Bundesministerin für Familie, Senioren, Frauen und Jugend mit Tätigkeit im BMAS).

GEBERS, Leonie

Staatssekretärin

Bundesministerium für Arbeit und Soziales
11017 Berlin

Geboren am 19. Februar 1971 in Karlsruhe; verheiratet, 4 Kinder.
1990 Allgemeine Hochschulreife am Gymnasium Ulm-Wiblingen. 1990 bis 1997 Studium der Politikwissenschaft, Soziologie und Volkswirtschaftslehre an der Universität Augsburg, Abschluss Magister Artium; 1994 Auslandsstudium an der University of London (SOAS). 1998 bis 1999 Referentin beim SPD-Parteivorstand, 1999 bis 2009 Referentin im Bundesministerium für Familie, Senioren, Frauen und Jugend, 2009 bis 2014 koordinierende Referentin für Wirtschafts- und Arbeitsmarktpolitik in der SPD-Bundestagsfraktion, 2014 bis 2016 Leiterin des Referates „Politische Koordinierung" im Bundesministerium für Wirtschaft und Energie, 2016 bis 2017 Leiterin der Unterabteilung „Ministerbüro, Politische Planung" im Bundesministerium für Wirtschaft und Energie, 2017 Leiterin des Stabs „Politische Koordinierung" im Auswärtigen Amt, Ende 2017 bis März 2018 Leiterin der Unterabteilung IV C Umwelt, Klima und Bioökonomie im Bundesministerium für Wirtschaft und Energie. Seit März 2018 Staatssekretärin im Bundesministerium für Arbeit und Soziales.

Dr. SCHMACHTENBERG, Rolf

Mathematiker, Staatssekretär

Bundesministerium für Arbeit
und Soziales
11017 Berlin

Geboren am 19. Januar 1959 in Aachen; Lebensgemeinschaft, 3 Kinder. 1977 Abitur am Rhein-Maas-Gymnasium in Aachen. Studium Mathematik und Volkswirtschaftslehre. 1979/80 und 1981 bis 1984 Tutor an der Universität Heidelberg, 1984 Diplom-Mathematiker. Studienjahr 1980/81 an der Université Pierre et Marie Curie, Paris. 1984 bis 1989 Wissenschaftlicher Mitarbeiter an der Universität Mannheim, Promotion VWL. 1989 bis 1990 Wissenschaftlicher Mitarbeiter an der Universität Bonn. 1990 Mitarbeiter beim Vorstand der SPD (Ost), bei der SPD-Volkskammerfraktion und im DDR-Ministerium für Arbeit und Soziales. 1990 bis 2001 Leiter der Abteilung Arbeit im Ministerium für Arbeit, Soziales, Gesundheit und Frauen des Landes Brandenburg. 2002 bis 2010 Leiter der Unterabteilung Arbeitsförderung, Arbeitslosenversicherung im Bundesministerium für Arbeit und Soziales. 2010 bis 2011 Leiter der Unterabteilung Soziale Entschädigung, Versorgungsmedizin im Bundesministerium für Arbeit und Soziales. 2011 bis 2013 Direktor des Deutsch-Indischen Programms für Soziale Sicherung, Neu Delhi, bei der Gesellschaft für Internationale Zusammenarbeit GIZ. 2013 bis 2014 Leiter des Projektes „Fairnesspakt" im Bundesministerium für Arbeit und Soziales. Januar 2014 bis März 2018 Leiter der Abteilung Teilhabe – Belange behinderter Menschen, Soziale Entschädigung und Sozialhilfe im Bundesministerium für Arbeit und Soziales. Seit März 2018 Staatssekretär im Bundesministerium für Arbeit und Soziales.

Bundesministerium der Verteidigung

Fontainengraben 150, 53123 Bonn
Postanschrift: Postfach 1328, 53003 Bonn
Telefon: 0228 12-00
Telefax: 0228 12-45925

Dienstsitz Berlin:
Stauffenbergstraße 18, 10785 Berlin
Postanschrift: 11055 Berlin

E-Mail: poststelle@bmvg.bund.de
Internet: www.bmvg.de

Bundesministerin
Christine Lambrecht

Parlamentarischer Staatssekretär
Thomas Hitschler
E-Mail: BMVgBueroParlStsHitschler@BMVg.bund.de

Parlamentarische Staatssekretärin
Siemtje Möller
E-Mail: BMVgBueroParlStsMoeller@BMVg.bund.de

Staatssekretärin
Dr. Margaretha Sudhof
E-Mail: margarethasudhof@BMVg.bund.de

Staatssekretär
Benedikt Zimmer
E-Mail: benediktzimmer@BMVg.bund.de

Generalinspekteur der Bundeswehr
Eberhard Zorn
E-Mail: BMVgGeninsp@BMVg.bund.de

LAMBRECHT, Christine

Bundesministerin, Rechtsanwältin

Bundesministerium der Verteidigung
11055 Berlin

Geboren am 19. Juni 1965 in Mannheim; 1 Sohn.
1984 Abitur in Viernheim. 1984 Studium der Rechtswissenschaften in Mannheim und Mainz, Erstes und Zweites jur. Staatsexamen. 1992 Aufbaustudium an der Verwaltungshochschule in Speyer, Abschluss Magister der Verwaltungswissenschaften. 1992 Lehrauftrag an der Berufsakademie Mannheim für Zivil- und Wirtschaftsrecht. Vorträge in der Erwachsenenbildung. Seit 1995 selbstständige Rechtsanwältin in Viernheim. Seit 1982 Mitglied der SPD, stellv. Vorsitzende SPD Hessen-Süd. 2007/17 SPD-Unterbezirksvorsitzende Kreis Bergstraße, Mitglied SPD-Parteikonvent. 1985/2010 Stadtverordnete Stadt Viernheim, 1989/97 Kreistagsabgeordnete Kreis Bergstraße. Mitglied AWO, VdK, Verein Bürger und Polizei e.V., Gründungsmitglied Frauenhaus Verein Bergstraße e.V., 2010/18 Vizepräsidentin THW-Helfervereinigung. Mitglied des Bundestages 1998/2021; 2013/17 Erste Parl. Geschäftsführerin und Dez. 2017/März 2018 stellv. Vorsitzende der SPD-Fraktion; März 2018/Juni 2019 Parl. Staatssekretärin beim Bundesminister der Finanzen, Juni 2019/Dez. 2021 Bundesministerin der Justiz und für Verbraucherschutz, Mai/Dez. 2021 zudem Bundesministerin für Familie, Senioren, Frauen und Jugend (kommissarisch). Seit Dez. 2021 Bundesministerin der Verteidigung.

HITSCHLER, Thomas

Politikwissenschaftler,
Parl. Staatssekretär

Bundesministerium der Verteidigung
11055 Berlin

Geboren am 22. Juni 1982 in Landau in der Pfalz; verheiratet, 1 Kind. Magister Politikwissenschaft, Öffentliches Recht, Wirtschafts- und Sozialgeschichte an der Univ. Mannheim. 2008/10 Referent des Oberbürgermeisters der Stadt Landau; bis 2013 persönlicher Referent des Präsidenten der Struktur- und Genehmigungsdirektion Süd und Leiter des Einheitlichen Ansprechpartners Rheinland-Pfalz. Seit 2010 Vors. des SPD-Unterbezirks Südpfalz, Vorstandsmitgl. SPD Pfalz. Mitgl. im Kreistag des Landkreises Südliche Weinstraße. Mitgl. u. a. bei ver.di, Naturfreunde, 1. FC Kaiserslautern, Europa Union, Reservistenverband, Bundeswehrsozialwerk, Reichsbanner Schwarz-Rot-Gold, Vorstandsmitgl. AWO Pfalz. Englisch, Französisch. – Mitglied des Bundestages seit Okt. 2013; Sprecher der rheinland-pfälzischen Landesgruppe, ab 2018 Mitgl. im Fraktionsvorstand; seit Dez. 2021 Parl. Staatssekretär bei der BMin. der Verteidigung.

MÖLLER, Siemtje

Lehrerin (StRin), Parl. Staatssekretärin

Bundesministerium der Verteidigung
11055 Berlin

Geboren am 20. Juli 1983 in Emden; verheiratet, 2 Kinder.
Abitur in Oldenburg. Studium Lehramt für Französisch, Spanisch und Politik in Göttingen. Zuletzt Lehrerin am Neuen Gymnasium in Wilhelmshaven. Seit 2010 Mitgl. der SPD. Mitgl. AWO und GEW. Französisch, Spanisch, Englisch. – Mitglied des Bundestages seit Okt. 2017; seit Juni 2020 Sprecherin des Seeheimer Kreises in der SPD-Fraktion, 2021 sicherheits- und verteidigungspol. Sprecherin der SPD-Fraktion; seit Dez. 2021 Parl. Staatssekretärin bei der BMin. der Verteidigung.

Dr. SUDHOF, Margaretha

Staatssekretärin

Bundesministerium der Verteidigung
11055 Berlin

Geboren am 15. Mai 1959 in Münster/Westfalen; verheiratet.
1976 Abitur am Eichwald-Gymnasium in Sulzbach/Taunus. 1976 bis 1984 Studium der Rechtswissenschaft in Mannheim und Frankfurt/Main, 1989 Promotion (Dr. iur.). 1993 bis 1994 wissenschaftliche Angestellte am Institut für Wirtschaftsrecht der J.-W.-Goethe Universität Frankfurt/Main. 1994 bis 1997 Richterin am Verwaltungsgericht Frankfurt/Main, 1998 bis 1999 Referatsleiterin für Recht und Verfassung in der Hessischen Staatskanzlei in Wiesbaden, 1999 bis 2002 Referatsleiterin für Verfassung im Bundeskanzleramt, Richterin am Hessischen Verwaltungsgerichtshof, Richterin am Bundespatentgericht, 2002 bis 2003 Unterabteilungsleiterin im Bundesministerium des Innern, 2003 bis 2005 Gruppenleiterin im Bundeskanzleramt (Innen und Recht), 2006 bis 2007 Vertreterin des Bundesinteresses beim Bundesverwaltungsgericht im Bundesministerium des Innern, 2007 bis 2009 Referentin des Vorsitzenden der SPD-Bundestagsfraktion Dr. Peter Struck, 2009 bis 2012 Ständige Vertreterin des Abteilungsleiters Krisenmanagement und Bevölkerungsschutz im Bundesministerium des Innern. Februar 2012 bis Juli 2019 Staatssekretärin für Vermögen, Beteiligungen, Steuerverwaltung und Personal in der Senatsverwaltung für Finanzen des Landes Berlin. Juli 2019 bis Dezember 2021 Staatssekretärin im Bundesministerium der Justiz und für Verbraucherschutz, seit Dezember 2021 Staatssekretärin im Bundesministerium der Verteidigung.

ZIMMER, Benedikt

Staatssekretär

Bundesministerium der Verteidigung
11055 Berlin

Geboren am 9. Oktober 1961 in Soltau; verheiratet, 2 Kinder.
Juli 1981 Eintritt in die Bundeswehr, 1981 bis 1982 Offizierausbildung. 1982 bis 1986 Studium der Elektrotechnik an der Universität der Bundeswehr München (Dipl.-Ing.), München. 1986 bis 1989 Zugführeroffizier und S 2-Offizier im Panzerlehrbataillon 94, Munster. 1989 bis 1991 Kompaniechef 3./Panzerbataillon 31, Neustadt am Rübenberge. 1992 bis 1994 Adjutant Befehlshaber im WB II, Hannover. 1994 bis 1996 Verwendungslehrgang Generalstabsdienst an der Führungsakademie der Bundeswehr, Hamburg. 1996 bis 1997 Referent im Bundesministerium der Verteidigung (P III 4), Bonn. 1997 bis 1998 Personalstabsoffizier im Personalamt der Bundeswehr (Abt I), Bonn. 1998 bis 1999 Joint Services Command and Staff College in Bracknell, Großbritannien. 1999 bis 2001 G 3-Stabsoffizier Panzerbrigade 21, Augustdorf, dabei: November 2000 bis Juni 2001 Einsatz als G 3-Stabsoffizier der Multinational Brigade South KFOR, Prizren, Kosovo. 2001 bis 2002 Kommandeur Panzerbataillon 214, Augustdorf. 2002 bis 2004 Referent im Bundesministerium der Verteidigung (Fü H Z), Bonn. 2005 bis 2006 Dezernatsleiter im Personalamt der Bundeswehr (Abt I), Köln. 2007 bis 2008 Referatsleiter im Bundesministerium der Verteidigung (Fü S V 2), Bonn. 2008 bis 2009 Arbeitsbereichsleiter im Bundesministerium der Verteidigung (EinsFüStab ET AFG), Berlin. 2009 bis 2011 Kommandeur Panzergrenadierbrigade 41, Torgelow, dabei: Mai bis Dezember 2009 Einsatz als Kommandeur Multinational Task Force South KFOR, Prizren, Kosovo. 2011 bis 2012 Projektorganisation Planung im Bundesministerium der Verteidigung, Bonn. April bis Dezember 2012 Unterabteilungsleiter Bundesministerium der Verteidigung, Planung II (Fähigkeitsmanagement Bundeswehr), Bonn. 2012 bis 2013 Kommandeur Division Luftbewegliche Operationen, Veitshöchheim. 2013 bis 2014 Kommandeur Division SÜD, Veitshöchheim. August 2014 bis März 2018 Abteilungsleiter Ausrüstung im Bundesministerium der Verteidigung sowie Nationaler Rüstungsdirektor. Seit April 2018 Staatssekretär im Bundesministerium der Verteidigung.

ZORN, Eberhard

Generalinspekteur

Bundesministerium der Verteidigung
11055 Berlin

Geboren am 19. Februar 1960 in Saarbrücken; verheiratet, 2 erwachsene Kinder.
1978 Eintritt in die Bundeswehr an der Artillerieschule in Idar-Oberstein.
1978 bis 1983 Ausbildung zum Artillerieoffizier, Studium der Wirtschafts- und Organisationswissenschaften an der Universität der Bundeswehr, Hamburg. 1983 bis 1987 Zugführeroffizier und S 2 Offizier im Beobachtungsbataillon 103, Pfullendorf. 1987 bis 1990 Batteriechef der 3. Batterie des Beobachtungsbataillons 123, Tauberbischofsheim. 1990 bis 1991 Feuerleit- und S 3 Offizier im Stab Artillerieregiment 12, Tauberbischofsheim. 1991 bis 1993 Lehrgangsteilnehmer des 34. nationalen Generalstabslehrganges an der Führungsakademie der Bundeswehr, Hamburg. 1993 bis 1995 Teilnehmer des französischen Generalstabsdienstlehrganges, Paris. 1995 bis 1997 Stabsverwendungen in der 4. Division in Regensburg; Auslandseinsatz als Abteilungsleiter G 4, IFOR, Bosnien. 1997 bis 1999 G 1 – Stabsoffizier im Heeresführungskommando, Koblenz. 1999 bis 2001 Kommandeur des Feld- und Panzerartilleriebataillons 295 in Immendingen; Auslandseinsatz als G 3 im Stab der Multinationalen Division Süd-Ost in Mostar/Bosnien-Herzegowina. 2001 bis 2004 Referent im Bundesministerium der Verteidigung, Bonn. 2004 bis 2007 Gruppen- und Abteilungsleiter im Heeresführungskommando, Koblenz. 2007 bis 2010 Referatsleiter im Bundesministerium der Verteidigung, Bonn. 2010 bis 2012 Kommandeur der Luftlandebrigade 26, Saarlouis. 2012 bis 2014 Leiter der Stabsgruppe beim Generalinspekteur der Bundeswehr, Büroleiter. Juni 2014 bis September 2015 Kommandeur Division Schnelle Kräfte. Oktober 2015 bis Juli 2017 Leiter der Abteilung Führung Streitkräfte, August 2017 bis März 2018 Abteilungsleiter Personal im Bundesministerium der Verteidigung. Seit April 2018 Generalinspekteur der Bundeswehr.

Bundesministerium für Ernährung und Landwirtschaft

Rochusstraße 1, 53123 Bonn
Postanschrift: Postfach 14 02 70, 53107 Bonn
Telefon: 0228 99 529-0
Telefax: 0228 99 529-4262

Dienstsitz Berlin:
Wilhelmstraße 54, 10117 Berlin
Postanschrift: 11055 Berlin

E-Mail: poststelle@bmel.bund.de
Internet: www.bmel.de

Bundesminister
Cem Özdemir
E-Mail: ministerbuero@bmel.bund.de

Parlamentarische Staatssekretärin
Dr. Ophelia Nick
E-Mail: ophelia.nick@bmel.bund.de

Parlamentarische Staatssekretärin
Dr. Manuela Rottmann
E-Mail: manuela.rottmann@bmel.bund.de

Staatssekretärin
Silvia Bender
E-Mail: silvia.bender@bmel.bund.de

ÖZDEMIR, Cem

Bundesminister,
Diplom-Sozialpädagoge (FH)

Bundesministerium für Ernährung
und Landwirtschaft
11055 Berlin

Geboren am 21. Dezember 1965 in Bad Urach; verheiratet, 2 Kinder. Berufsausbildung zum Erzieher. Studium der Sozialpädagogik an der Evangelischen Fachhochschule für Sozialwesen in Reutlingen, 1994 Abschluss. 2003 Transatlantic Fellow beim amerikanischen Think Tank „German Marshall Fund of the United States" in Washington und Brüssel. Gründungsmitgl. des Europ. Council on Foreign Relations (ECFR), Mitgl. Beirat des Berliner Büros des American Jewish Committee (AJC), Mitgl. Kuratorium des Dt.-Türkischen Forums Stuttgart e. V. und im Kuratorium der Theodor-Heuss-Stiftung. Mitgl. der Partei DIE GRÜNEN bzw. BÜNDNIS 90/DIE GRÜNEN seit 1981, 1989/94 im Landesvorstand Baden-Württemberg, Nov. 2008/Jan. 2018 Bundesvorsitzender. Mitgl. Europäisches Parlament Juli 2004/Juli 2009. Mitglied des Bundestages Nov. 1994/Okt. 2002 und seit Okt. 2013. Seit Dez. 2021 Bundesminister für Ernährung und Landwirtschaft.

Dr. NICK, Ophelia Johanna

Tierärztin, Parl. Staatssekretärin

Bundesministerium für Ernährung
und Landwirtschaft
11055 Berlin

Geboren am 24. Januar 1973 in Herdecke; verheiratet, 4 Söhne.
1992 Abitur. Landwirtschaftslehre. Tiermedizinstudium FU Berlin, 2000 Abschluss, Promotion LMU München. Seit 2018 Geschäftsführerin der Lebendigen Landwirtschaft gGmbH, Mitgl. Beirat des Maschinenbauunternehmens Voith und Geschäftsführerin der Familiengesellschaften, Geschäftsführerin der IG Talhof gGmbH. Vors. Verein Talhof erLeben e.V. Mitglied des Bundestages seit Okt. 2021; seit Dez. 2021 Parl. Staatssekretärin beim BMin. für Ernährung und Landwirtschaft.

Dr. ROTTMANN, Manuela

Juristin, Parl. Staatssekretärin

Bundesministerium für Ernährung
und Landwirtschaft
11055 Berlin

Geboren am 9. Mai 1972 in Würzburg; 1 Sohn.
Celtis-Gymnasium in Schweinfurt, des Riemenschneider-Gymnasium in Würzburg und Frobenius-Gymnasium in Hammelburg, 1991 Abitur. 1991/92 Studium der Politikwissenschaften, Soziologie und Volkswirtschaftslehre Univ. Würzburg, ab 1992 Studium der Rechtswissenschaften sowie der Politikwissenschaften und Soziologie Univ. Frankfurt am Main, 1994/95 Studium der Rechtswissenschaften Univ. Aix-Marseille in Aix-en-Provence, Abschluss Licence en Droit, 1998 1. jur. Staatsexamen in Frankfurt am Main. 1998/2004 Wissenschaftl. Mitarbeiterin am Institut für Öffentliches Recht der Univ. Frankfurt am Main, 2002/04 Rechtsreferendariat am Landgericht Frankfurt, 2004 2. jur. Staatsexamen, 2004/06 Wissenschaftl. Mitarbeiterin am Deutschen Institut für Urbanistik, Berlin. 2006 Promotion, 2007 Baker & McKenzie-Preis für die beste wirtschaftsrechtl. Dissertation am Fachbereich. 2006/12 Hauptamtliche Dezernentin für Umwelt, Gesundheit und ab 2011 auch für Personal in Frankfurt am Main, verantwortl. u. a. für Umwelt- und Naturschutz, Klimaschutz, Drogenpolitik, 2012/März 2017 Juristische Referentin bei der DB Netz AG im Bereich Netzzugangsrecht. 1991 Eintritt bei den Grünen, 1993/94 Mitgl. Bundesvorst. des Grün-Alternativen Jugendbündnisses (GAJB), 1995/96 Bundesvorstandssprecherin, 1998/2000 Mitgl. im Bundesparteirat von Bündnis 90/Die Grünen, 1999/2001 Sprecherin des Kreisvorst. Bündnis 90/Die Grünen Frankfurt am Main, 2017/18 Bezirksvors. B90/Die Grünen Unterfranken. – Mitglied des Bundestages seit Okt. 2017; seit Dez. 2021 Parl. Staatssekretärin beim BMin. für Ernährung und Landwirtschaft.

BENDER, Silvia

Agrarwissenschaftlerin,
Staatssekretärin

Bundesministerium für Ernährung
und Landwirtschaft
11055 Berlin

Geboren am 9. März 1970 in Bonn-Beuel; 2 Söhne.
Studium Agrarwissenschaft Schwerpunkt Naturschutz und Landschaftsökologie Univ. Bonn. Tätigkeit beim Öko-Anbauverband Bioland und als Agrarreferentin bei der Bundestagsfraktion Bündnis 90/Die Grünen. Bis 2017 Leiterin des Referats 264 Geschäftsbereich des Ministeriums für Umwelt, Energie, Ernährung und Forsten und Geschäftsbereich des Ministeriums für Familie, Frauen, Jugend, Integration und Verbraucherschutz in der Vertretung des Landes Rheinland-Pfalz beim Bund und bei der Europäischen Union. 2017/19 Abteilungsleiterin Biodiversität beim BUND für Umwelt- und Naturschutz Deutschland. Nov. 2019/Dez. 2021 Staatssekretärin im Ministerium für Landwirtschaft, Umwelt und Klimaschutz des Landes Brandenburg. Seit Dez. 2021 Staatssekretärin des Bundesministeriums für Ernährung und Landwirtschaft.

Bundesministerium für Familie, Senioren, Frauen und Jugend

Glinkastraße 24, 10117 Berlin
Postadresse: 11018 Berlin
Telefon: 030 18 555-0
Telefax: 030 18 555-4400

Dienstsitz Bonn:
Rochusstraße 8–10, 53123 Bonn
Postadresse: 53107 Bonn

E-Mail: poststelle@bmfsfj.bund.de
Internet: www.bmfsfj.de

Bundesministerin
Anne Spiegel
E-Mail: mb@bmfsfj.bund.de

Parlamentarische Staatssekretärin
Ekin Deligöz
E-Mail: ekin.deligoez@bmfsfj.bund.de

Parlamentarischer Staatssekretär
Sven Lehmann
E-Mail: sven.lehmann@bmfsfj.bund.de

Staatssekretärin
Margit Gottstein
E-Mail: margit.gottstein@bmfsfj.bund.de

SPIEGEL, Anne

Bundesministerin, Sprachlehrerin

Bundesministerium für Familie,
Senioren, Frauen und Jugend
11018 Berlin

Geboren am 15. Dezember 1980 in Leimen; verheiratet, 4 Kinder. 1991/2000 Heinrich-Böll-Gymnasium Ludwigshafen, Abitur. 2000/07 Studium Politik, Philosophie und Psychologie Univ. Mannheim, Darmstadt, Salamanca und Mainz, 2007 Magister-Abschluss, 2007/08 Weltreise. 2008/11 Sprachlehrerin für Deutsch als Fremdsprache. 1999/2002 Mitgl. Landesvorst. Grüne Jugend Rheinland-Pfalz, seit 2000 Mitgl. BÜNDNIS 90/DIE GRÜNEN, 2002/04 Mitgl. Bundesvorst. Grüne Jugend, 2001/06 und 2008/11 Mitgl. Parteirat BÜNDNIS 90/DIE GRÜNEN Rheinland-Pfalz, seit 2010/15 Sprecherin Kreisvorst. BÜNDNIS 90/DIE GRÜNEN im Rhein-Pfalz-Kreis, seit Dez. 2018 Mitgl. erweiterter Landesvorst. GRÜNE Rheinland-Pfalz, seit Nov. 2019 Mitgl. Parteirat GRÜNE Bundesverband. 2005/06 Deutschlands erste Jugenddelegierte bei den Vereinten Nationen. 2011/16 MdL Rheinland-Pfalz. 2016/21 Ministerin für Familie, Frauen, Jugend, Integration und Verbraucherschutz des Landes Rheinland-Pfalz, Januar/Mai 2021 zusätzlich Ministerin für Umwelt, Energie, Ernährung und Forsten des Landes Rheinland-Pfalz. Mai/Dez. 2021 Ministerin für Klimaschutz, Umwelt, Energie und Mobilität des Landes Rheinland-Pfalz. Seit Dez. 2021 Bundesministerin für Familie, Senioren, Frauen und Jugend.

DELIGÖZ, Ekin

Parl. Staatssekretärin,
Dipl.-Verwaltungswissenschaftlerin

Bundesministerium für Familie,
Senioren, Frauen und Jugend
11018 Berlin

Geboren am 21. April 1971 in Tokat/Türkei; verheiratet, 2 Kinder. Deutsche Staatsbürgerschaft seit 1997. Grundschule in Istanbul, ab 1979 in Senden, Gymnasium Weißenhorn. Studium an den Univ. Konstanz und Wien. Seit 1988 Mitgl. BÜNDNIS 90/DIE GRÜNEN, Ehrenmitgl. des grünen Jugendverbandes in Bayern. Vorstandsmitgl. und Vizepräsidentin Dt. Kinderschutzbund e.V., Mitgl. Dt. Komitee für UNICEF e.V., Mitgl. der Vertretervers. der Ulmer Volksbank eG. Mitglied des Bundestages seit 1998; 2002/05 Parl. Geschäftsführerin und Nov. 2009/Okt. 2013 Koordinatorin Arbeitskreis V – Wissensgesellschaft und Generation der Fraktion BÜNDNIS 90/DIE GRÜNEN; seit 2013 Mitgl. Haushaltsausschuss und Rechnungsprüfungsausschuss (Obfrau), Nov. 2020/Dez. 2021 kinder- und familienpol. Sprecherin der Fraktion BÜNDNIS 90/DIE GRÜNEN; seit Dez. 2021 Parl. Staatssekretärin bei der BMin. für Familie, Senioren, Frauen und Jugend.

LEHMANN, Sven

Parl. Staatssekretär,
Angestellter im Öffentlichen Dienst

Bundesministerium für Familie,
Senioren, Frauen und Jugend
11018 Berlin

Geboren am 4. Dezember 1979 in Troisdorf; in fester Partnerschaft. 1999 Abitur, 1999/ 2006 Studium der Politikwissenschaften, Romanistik und Pädagogik Univ. zu Köln, Abschluss M.A., 2002/03 Institut d'Études Politiques in Aix-en-Provence (Frankreich) als Stipendiat der französischen Regierung. 2005/07 Mitarbeiter Deutscher Bundestag, Wahlkreisbüro Kerstin Müller MdB, seit 2007 Angestellter im kommunalen Öffentlichen Dienst, Landschaftsverband Rheinland – LVR, derzeit beurlaubt. 1999/2002 Kommunalpolitik in Troisdorf (Rhein-Sieg-Kreis), 2002/05 Sprecher Grüne Jugend NRW, 2006/18 Mitgl. im Landesvorstand Bündnis 90/Die Grünen NRW, 2010/18 Vors. Bündnis 90/Die Grünen NRW, 2010/17 Mitgl. im rot-grünen Koalitionsausschuss Nordrhein-Westfalen. (Förder-) Mitgliedschaften: Lesben- und Schwulenverband Deutschland (NRW), Lambda e.V.; Amnesty International, Mehr Demokratie e.V., Kölner Initiative Grundeinkommen, Heimatlos in Köln e.V., Heinrich-Böll-Stiftung NRW, Mitgl. im Kuratorium der Bundesstiftung Magnus Hirschfeld. – Mitglied des Bundestages seit Okt. 2017; seit Dez. 2021 Parl. Staatssekretär bei der Bundesministerin für Familie, Senioren, Frauen und Jugend. Seit Jan. 2022 Beauftragter der Bundesregierung für die Akzeptanz sexueller und geschlechtlicher Vielfalt.

GOTTSTEIN, Margit

Staatssekretärin

Bundesministerium für Familie,
Senioren, Frauen und Jugend
11018 Berlin

Geboren am 1. November 1960 in Konstanz; ledig, 1 Kind.
1971/77 Kath. Mädchenschule Zoffingen Konstanz, Mittlere Reife, 1977/80 staatl. Aufbaugymnasium Meersburg, Abitur. 1980/83 Studium Germanistik und Politologie Univ. Freiburg, 1983/86 Studium FU Berlin, Diplom-Politologin. 2005/06 Ausbildung zur Mediatorin. 1987 Mitarbeiterin Zentrale Dokumentationsstelle der Freien Wohlfahrtspflege für Flüchtlinge Bonn, 1987/88 Mitarbeiterin AWO Berlin, 1989 Vorbereitung des Deutschen Evangelischen Kirchentages in Berlin, 1989/95 wissenschaftl. Mitarbeiterin FU Berlin, 1995/98 wissenschaftl. Mitarbeiterin MdB Amke Dietert-Scheuer, 1996/2000 Referentin Asyl- und Flüchtlingspolitik der Bundestagsfraktion Bündnis 90/Die Grünen, 1999/2000 wissenschaftl. Mitarbeiterin MdB Marieluise Beck. 2000/04 wissenschaftl. Koordinatorin des Arbeitskreises Innen, Recht, Frauen, Familie, Senioren und Jugend der Bundestagsfraktion Bündnis 90/Die Grünen. 2004/11 Referatsleiterin im Arbeitsstab der Integrationsbeauftragten der Bundesregierung, 2011/16 Staatssekretärin im Ministerium für Integration, Familie, Kinder, Jugend und Frauen Rheinland-Pfalz. Dez. 2016/Dez. 2021 Staatssekretärin für Verbraucherschutz und Antidiskriminierung bei der Senatsverwaltung für Justiz, Verbraucherschutz und Antidiskriminierung des Landes Berlin. Seit Dez. 2021 Staatssekretärin im Bundesministerium für Familie, Senioren, Frauen und Jugend.

Bundesministerium für Gesundheit

Rochusstraße 1, 53123 Bonn
Postanschrift: 53107 Bonn
Telefon: 0228 99 441-0
Telefax: 0228 99 441-1921

Dienstsitz Berlin:
Friedrichstraße 108, 10117 Berlin
Postanschrift: 11055 Berlin

E-Mail: poststelle@bmg.bund.de
Internet: www.bmg.bund.de

Bundesminister
Prof. Dr. Karl Lauterbach
E-Mail: karl.lauterbach@bmg.bund.de

Parlamentarische Staatssekretärin
Sabine Dittmar
E-Mail: sabine.dittmar@bmg.bund.de

Parlamentarischer Staatssekretär
Prof. Dr. Edgar Franke
E-Mail: edgar.franke@bmg.bund.de

Staatssekretärin
Dr. Antje Draheim
E-Mail: antje.draheim@bmg.bund.de

Staatssekretär
Dr. Thomas Steffen
E-Mail: thomas.steffen@bmg.bund.de

Prof. Dr. LAUTERBACH, Karl

Bundesminister, Universitätsprofessor

Bundesministerium für Gesundheit
11055 Berlin

Geboren am 21. Februar 1963 in Düren.
Studium der Medizin in Aachen, Texas (USA) und Düsseldorf, Promotion zum Dr. med. Studium der Epidemiologie und Gesundheitsökonomie (Health Policy and Management), Promotion an der Harvard Universität in Boston, USA. 1998/2005 Direktor des Instituts für Gesundheitsökonomie und Klinische Epidemiologie (IGKE) der Universität zu Köln, seit 2008 Adjunktprofessor an der Harvard School of Public Health in Boston. 1999/2005 Mitgl. im Sachverständigenrat zur Begutachtung der Entwicklung im Gesundheitswesen, 2003/05 Mitgl. der Kommission für die Nachhaltigkeit in der Finanzierung der Sozialen Sicherungssysteme (Rürup-Kommission). Mitgl. der Programmkommission der SPD Köln, 2004 Mitgl. der AG Bürgerversicherung des SPD-Parteivorst. Mitgl. bei ver.di. – Mitglied des Bundestages seit Okt. 2005; 2013/19 stellv. Vors. SPD-Fraktion. Seit Dez. 2021 Bundesminister für Gesundheit.

DITTMAR, Sabine

Parl. Staatssekretärin, Ärztin

Bundesministerium für Gesundheit
11055 Berlin

Geboren am 15. September 1964 in Schweinfurt; verheiratet. 1979 qualifiz. Hauptschulabschluss, im Anschluss Berufsfachschule mit Berufsaufbauschule Münnerstadt, 1982 Abschluss staatl. gepr. Kinderpflegerin und Mittlere Reife. Besuch des Bayernkollegs Schweinfurt, Abitur 1985. 1987/93 Medizinstudium an der Universität Würzburg, 1993 Approbation. Weiterbild. zur Praktischen Ärztin. Anerkennung der Zusatzbez. Naturheilverfahren und Akupunktur, bis 2010 Hausärztin. Stellv. Chefärztin BRK-Bezirksverband Unterfranken. 1981 Eintritt in die SPD, 2008/18 SPD-Kreisvors. im Lkr. Bad Kissingen, seit 2008 Mitgl. im Bezirksvorst. SPD Unterfranken, 2011/19 Mitgl. im Landesvorstand der BayernSPD. Seit 1990 Kreisrätin im Kreistag Bad Kissingen, 2005/08 SPD-Fraktionsvorsitzende im Kreistag; 2008/20 Marktgemeinderätin Markt Maßbach. Mitgliedschaften (Auswahl): AWO, Europaunion, KIDRO (Kissinger Drogenhilfe), Kreisverkehrswacht, „Gegen Vergessen – Für Demokratie" e.V., Förderverein Fränkisches Theater Maßbach. MdL Bayern 2008/13. Englisch (G), Spanisch (G). – Mitglied des Bundestages seit Okt. 2013; bis Dez. 2021 gesundheitspolitische Sprecherin der SPD-Fraktion, Mitgl. erweiterter Fraktionsvorst.; seit Dez. 2021 Parl. Staatssekretärin beim BMin. für Gesundheit.

Prof. Dr. FRANKE, Edgar

Parl. Staatssekretär, Jurist,
Bürgermeister a. D., Professor

Bundesministerium für Gesundheit
11055 Berlin

Geboren am 21. Januar 1960 in Gudensberg; verwitwet, 2 Kinder
Abitur an der Albert-Schweitzer-Schule in Kassel. Zivildienst AWO. Studium der Politik- und Rechtswissenschaften in Marburg und Gießen, Zweites Juristisches Staatsexamen, Promotion im Kommunalrecht. Fachgruppenleiter „Öffentliches Recht" beim Bundesverband der Unfallversicherungsträger der öffentlichen Hand. 1996 Rektor und bis heute Professor an der Hochschule der Gesetzlichen Unfallversicherung, Bad Hersfeld. Herausgeber des Nomos-Kommentars Sozialgesetzbuch VII. 1978 bis 1982 Juso-Unterbezirksvorstand, 1985 bis 1989 Gemeindevertretung Edermünde, 1997 bis 1999 stellv. Stadtverordnetenvorsteher Gudensberg, 1999 bis 2009 Bürgermeister der Stadt Gudensberg, seit 2001 im Kreistag Schwalm-Eder, Mitglied in verschiedenen kommunalen Aufsichtsräten und Zweckverbänden, 2006 bis 2011 Mitglied Verbandsversammlung LWV Hessen. Seit 2007 Bezirksvorstand und Schatzmeister der SPD Hessen-Nord. Stellv. Vorsitzender Kurt-Schumacher-Gesellschaft, Vorstand Deutsche Parlamentarische Gesellschaft, Mitglied ver.di. Mitglied des Bundestages seit Oktober 2009; 2011 bis 2013 stellv. rechtspolitischer Sprecher; Januar 2014 bis Oktober 2017 Vorsitzender des Gesundheitsausschusses. April 2018 bis November 2021 Beauftragter der Bundesregierung für die Anliegen von Opfern und Hinterbliebenen von terroristischen Straftaten im Inland. Seit Dezember 2021 Parlamentarischer Staatssekretär beim Bundesminister für Gesundheit.

Dr. DRAHEIM, Antje

Juristin, Staatssekretärin

Bundesministerium für Gesundheit
11055 Berlin

Geboren am 2. November 1970 in Rostock.
Abitur in Rostock. Studium der Rechtswissenschaften in Potsdam und Tübingen, 2. Staatsexamen, Promotion an der Deutschen Universität für Verwaltungswissenschaften in Speyer. 2003/12 verschiedene Tätigkeiten bei der Bundesagentur für Arbeit in Nürnberg. 2012/16 Leiterin der Abteilung Arbeit, 2016/19 der Abteilung Jugend und Familie im Ministerium für Soziales, Integration und Gleichstellung des Landes Mecklenburg-Vorpommern. Juni 2019/Nov. 2021 Staatssekretärin für Bundesangelegenheiten und Bevollmächtigte des Landes Mecklenburg-Vorpommern beim Bund. Nov./Dez. 2021 Staatssekretärin im Ministerium für Soziales, Gesundheit und Sport des Landes Mecklenburg-Vorpommern. Seit Dez. 2021 Staatssekretärin im Bundesministerium für Gesundheit.

Dr. STEFFEN, Thomas

Staatssekretär, Jurist

Bundesministerium für Gesundheit
11055 Berlin

Geboren am 25. Dezember 1961 in Simmern.
1981 bis 1986 Studium der Rechts- und Staatswissenschaften in Mainz und Dijon, 1986 Erstes juristisches Staatsexamen, 1990 Zweites juristisches Staatsexamen. 1989 bis 1991 Rechtsvergleichende Promotion an der Universität Mainz und der London School of Economics. 1990 bis 1991 Referent in der industriepolitischen Abteilung im Bundesministerium für Wirtschaft, Bonn. 1992 Beurlaubung zur Treuhandanstalt, Berlin. 1993 bis 1994 Europaabteilung des Bundesministeriums für Wirtschaft, Bonn. 1994 bis 1995 Referatsleiter in der Vermögensabteilung des Finanzministeriums von Mecklenburg-Vorpommern. 1995 bis 1997 Abteilung für Bundesbeteiligungen und Treuhandnachfolge im Bundesfinanzministerium, Bonn. 1997 bis 1998 Persönlicher Referent der Parlamentarischen Staatssekretärin beim Bundesfinanzminister Irmgard Karwatzki. 1999 bis 2000 Beurlaubung zum Deutschen Bundestag. 2000 bis 2002 Leiter des Referats für Exportkreditversicherung und Grundsatzfragen der Gewährleistungen im Bundesfinanzministerium, Berlin. 2002 bis 2008 Erster Direktor der Säule „Versicherungsaufsicht" in der Bundesanstalt für Finanzdienstleistungsaufsicht. 2008 bis 2010 Exekutivdirektor „Versicherungsaufsicht" in der Bundesanstalt für Finanzdienstleistungsaufsicht. Von März 2007 bis Oktober 2009 Vorsitzender des Committee of European Insurance and Occupational Pensions Supervisors (CEIOPS), Frankfurt am Main. Oktober 2010 bis Dezember 2011 Leiter der Abteilung E (Europapolitik) im Bundesministerium der Finanzen und Beauftragter für das Pilotprojekt Deutsch-Französische Arbeitseinheit im BMF und MINEFI (DFA). Januar 2012 bis März 2018 Staatssekretär im Bundesfinanzministerium. Seit Mai 2019 Staatssekretär im Bundesministerium für Gesundheit.

Bundesministerium für Digitales und Verkehr

Invalidenstraße 44, 10115 Berlin
Postanschrift: 11030 Berlin
Telefon: 030 18 300-0
Telefax: 030 18 300-1920

Dienstsitz Bonn:
Robert-Schuman-Platz 1
53175 Bonn

E-Mail: poststelle@bmdv.bund.de
Internet: www.bmdv.de

Bundesminister
Dr. Volker Wissing
E-Mail: min@bmvi.bund.de

Parlamentarische Staatssekretärin
Daniela Kluckert
E-Mail: psts-k@bmdv.bund.de

Parlamentarischer Staatssekretär
Oliver Luksic
E-Mail: psts-l@bmdv.bund.de

Parlamentarischer Staatssekretär
Michael Theurer
E-Mail: psts-t@bmdv.bund.de

Staatssekretär
Dr. Michael Güntner
E-Mail: michael.guentner@bmdv.bund.de

Staatssekretär
Hartmut Höppner
E-Mail: hartmut.hoeppner@bmdv.bund.de

Staatssekretär
Stefan Schnorr
E-Mail: stefan.schnorr@bmdv.bund.de

Dr. WISSING, Volker

Bundesminister

Bundesministerium für Digitales
und Verkehr
11030 Berlin

Geboren am 22. April 1970 in Landau in der Pfalz; verheiratet, 1 Tochter. 1989/94 Studium Rechtswissenschaften in Saarbrücken und in Freiburg im Breisgau. 1996 zweites jur. Staatsexamen und 1997 Promotion an der Westfälischen Wilhelms-Univ. Münster. 1997/99 Richter und Staatsanwalt in Zweibrücken und Landau in der Pfalz. 2000 Abordnung an das rheinland-pfälzische Justizministerium und bis 2004 als Pers. Referent des Ministers der Justiz, Herbert Mertin. 2001 Ernennung zum Richter am Landgericht Landau in der Pfalz. Seit 2013 Rechtsanwalt. Seit 1998 Mitgl. der FDP, ab 2001 Kreisvors. der FDP Landau/Südliche Weinstraße, ab 2004 Mitgl. des Landesvorstandes und seit 2011 Vors. der FDP Rheinland-Pfalz, ab 2007 Beisitzer des FDP-Bundesvorstandes, seit 2013 Mitgl. des Präsidiums der FDP, 2020/21 Generalsekretär der FDP. Mai 2016/Mai 2021 MdL Rheinland-Pfalz sowie stellv. Ministerpräsident und Minister für Wirtschaft, Verkehr, Landwirtschaft und Weinbau des Landes Rheinland-Pfalz. Seit Dez. 2021 Bundesminister für Digitales und Verkehr. Französisch, Englisch, Spanisch. – Mitglied des Bundestages 2004/13 und seit Okt. 2021; 2009/11 Vors. Finanzausschuss; 2011/13 stellv. Vors. der FDP-Fraktion.

KLUCKERT, Daniela

Parl. Staatssekretärin, Dipl.-Volkswirtin

Bundesministerium für Digitales
und Verkehr
11030 Berlin

Geboren am 22. Dezember 1980 in Nürnberg; verheiratet, 1 Kind. 2002 Abitur Georg-Christoph-Lichtenberg Gesamtschule. Bis 2010 Julius-Maximilians-Univ. Würzburg, Abschluss Dipl.-Volkswirtin. 2009/13 wissenschaftl. Mitarbeiterin eines MdB, seit 2013 Ministerialreferentin des sächsischen Staatsministeriums für Wirtschaft, Arbeit und Verkehr in der Vertretung des Freistaats beim Bund (z. Z. beurlaubt). 2005 Eintritt in Junge Liberale und FDP, 2006/07 Landesvors. Junge Liberale Berlin, seit 2011 Bezirksvors. FDP Pankow, seit 2016 Mitglied Landesvorst. und seit März 2018 stellv. Vors. der FDP Berlin, seit Mai 2021 Mitglied im Bundesvorstand der FDP, Mitgl. Freie Demokratische Wohlfahrt FDW, Mitglied Tempelhofer Tennisclub, Alumni-Verein Univ. Würzburg, Dt.-Israelische Gesellschaft, Dt.-Chinesische Gesellschaft und Schützenverein Weißenborn. Seit Dez. 2018 Mitglied im Parl. Beirat eMobilität des Bundesverbands eMobilität; Mitglied im KI-Bundesverband e.V. – Mitglied des Bundestages seit Okt. 2017; Mitglied Parlamentarischer Freundeskreis Berlin-Taipei; seit Dez. 2021 Parl. Staatssekretärin beim BMin. für Digitales und Verkehr, Beauftragte für Ladesäuleninfrastruktur.

LUKSIC, Oliver

Parl. Staatssekretär,
Unternehmensberater

Bundesministerium für Digitales
und Verkehr
11030 Berlin

Geboren am 9. Oktober 1979 in Saarbrücken; verheiratet, 1 Tochter und 1 Sohn.
1986/90 Erich Kästner Schule in Holz, 1990/2000 Deutsch-Französisches Gymnasium in Saarbrücken, Abitur und Bac.; 2000/01 Zivildienst bei der Sozialstation Heusweiler. 2001/06 Studium an der Grande Ecole Sciences Po (IEP) Paris, Schwerpunkt Europastudien, Volkswirtschaft mit Abschluss Master, ein Jahr Studium am Kings College London, Europarecht. Seit 2006 tätig als Unternehmensberater. Mitgliedschaften in gesellschaftl. Organisationen und in verschiedenen kommunalen Vereinen, Vors. der Parlamentariergruppe Nördliche Adria, Mitgl. der Dt.-Französische Parl. Versammlung, Mitgl. im Vorstand der Parl. Gesellschaft e.V., Mitgl. im Beirat der Deutschen Flugsicherung (DFS), ehrenamtlich im Beirat der Baker Tilly Stiftung gemeinnützige GmbH. Seit 2000 Mitgl. der FDP, seit 2011 Vors. der FDP Saar, seit Mai 2021 Mitgl. im FDP-Bundesvorst. Gemeinderat seit 2004. – Mitglied des Bundestages 2009/13 und seit Okt. 2017; seit Dez. 2021 Parl. Staatssekretär beim BMin. für Digitales und Verkehr. Seit Jan. 2022 Koordinator der BReg für Güterverkehr und Logistik.

THEUERER, Michael

Parl. Staatssekretär, Diplomvolkswirt,
Oberbürgermeister a. D.

Bundesministerium für Digitales
und Verkehr
11030 Berlin

Geboren am 12. Januar 1967 am Tübingen; verheiratet, 2 Kinder. 1986/87 Grundwehrdienst Luftlandebrigade 25 in Calw. 1988/90 Redaktionsvolontariat und Lokalredakteur beim Schwarzwälder Boten. 1995 Examen Dipl.-Volkswirt Univ. Tübingen. 1995/2009 Oberbürgermeister der Stadt Horb a. N. 1983 Eintritt in die FDP/Junge Liberale, 1991/94 Landesvors. der Jungen Liberalen, 1991/2011 Mitgl. Landesvorst., 1999/2013 stellv. Landesvors., seit 2013 Landesvors. der FDP/DVP Baden-Württemberg, 2003/11 Mitgl. Bundesvorst. der FDP, seit 2013 Beisitzer im Präsidium der FDP. 1989/94 Vors. FDP/Freie Wähler Stadtratsfraktion Horb a. N., ab 1999 Mitgl., bis 2004 Vors. FDP-Kreistagsfraktion Freudenstadt. 2001/09 MdL Baden-Württemberg, 2006/09 stellv. Vors. der FDP/DVP-Landtagsfraktion. 2009/17 Mitgl. des Europäischen Parlaments, 2011/14 Vors. Haushalts-Kontrollausschuss. Mitgl. Verwaltungsrat der Reinhold-Maier-Stiftung, Kuratorium Theodor-Heuss-Stiftung, Verwaltungsrat Wolfgang-Döring-Stiftung, Lehrbeauftragter Duale Hochschule Baden-Württemberg Lörrach. – Mitglied des Bundestages seit Okt. 2017; seit Dez. 2021 Parl. Staatssekretär beim BMin. für Digitales und Verkehr. Seit Jan. 2022 Beauftragter der BReg für den Schienenverkehr.

Dr. GÜNTNER, Michael

Staatssekretär

Bundesministerium für Digitales
und Verkehr
11030 Berlin

Geboren am 19. Juni 1973 in Fulda; verheiratet, 1 Sohn.
1992 Abitur am Freiherr-vom-Stein Gymnasium Fulda. 1992 bis 1994 Ausbildung zum Bankkaufmann. 1993 bis 2000 Helfer im erweiterten Katastrophenschutzdienst des Landkreises Fulda. 1994 bis 1995 Studium der Betriebswirtschaftslehre an der Universität Passau. 1995 bis 1997 Studium der Rechtswissenschaft an der Universität Passau. 1997 bis 1999 Studium der Rechtswissenschaft an der Rheinischen Friedrich-Wilhelms-Universität Bonn, 1999 Erste juristische Staatsprüfung in Köln. 2000 bis 2002 Wissenschaftlicher Mitarbeiter am Institut für Öffentliches Recht der Universität Bonn. 2003 Zweite juristische Staatsprüfung in Koblenz und Promotion zum Dr. iur. an der Universität Bonn. 2003 bis 2004 Postgraduiertenstudium an der Universität Oxford, Magister Juris (M.Jur.). 2004 bis 2005 Referent im Bundesministerium des Innern, Referat Zivil- und Bevölkerungsschutz. 2005 Persönlicher Referent des Generalsekretärs der CDU Deutschlands. 2005 bis 2012 Leiter des Büros des Vorsitzenden der CDU/CSU-Bundestagsfraktion. 2012 bis 2014 Unterabteilungsleiter in der Zentralabteilung des Bundesministeriums des Innern. 2014 bis 2019 Fraktionsdirektor der CDU/CSU-Bundestagsfraktion. Seit März 2019 Staatssekretär im Bundesministerium für Verkehr und digitale Infrastruktur.

HÖPPNER, Hartmut

Staatsekretär

Bundesministerium für Digitales
und Verkehr
11030 Berlin

Geboren am 17. Juni 1967 in Zweibrücken.
1977/83 Mittlere Reife am Staatlichen Leibniz-Gymnasium in Neustadt an der Weinstraße. 1986/87 Fachhochschulreife an der Fachoberschule für Weinbau, Land- und Forstwirtschaft in Bad Kreuznach. 1983/86 Landwirtschaftliche Lehre, Abschluss: Landwirt. 1987/92 Studium der Agrarwirtschaft an der Gesamthochschule Kassel / Witzenhausen, Abschluss: Diplom-Ingenieur Agrarwirtschaft. 1992/94 Entwicklungsdienst in Kamsar, Guinea. 1994/96 Aufbaustudium in Umweltwissenschaften an der Friedrich-Schiller-Universität in Jena, Abschluss: Diplom-Umweltwissenschaftler. 1997/2000 Wissenschaftlicher Mitarbeiter des „UNEP/UNESCO/BMU International Postgraduate Training Programme on Environmental Management" an der Technischen Universität Dresden. 2000/04 Büroleiter der Bundestagsabgeordneten und Vorsitzenden des Petitionsausschusses des Deutschen Bundestages, Marita Sehn. 2004/13 Büroleiter des Stellvertretenden Vorsitzenden und finanzpolitischen Sprechers der FDP-Bundestagsfraktion sowie Vorsitzenden der FDP Rheinland-Pfalz. 2014/16 Hauptgeschäftsführer und Pressesprecher der FDP Rheinland-Pfalz. 2016/17 Stellvertretender Sprecher der rheinland-pfälzischen Landesregierung. 2017/21 Leiter des Büros des Ministers des Landes Rheinland-Pfalz für Wirtschaft, Verkehr, Landwirtschaft und Weinbau. 2021 Stellvertretender Sprecher der rheinland-pfälzischen Landesregierung. Seit 2022 Staatssekretär im Bundesministerium für Digitales und Verkehr.

SCHNORR, Stefan

Staatssekretär

Bundesministerium für Digitales
und Verkehr
11030 Berlin

Geboren am 15. Dezember 1962 in Waldbröl.
1982 Abitur in Lüdenscheid, anschließend Wehrdienst in Essen und Husum. 1984 Studium der Rechtswissenschaften an der Universität Trier. 1989 Rechtsreferendariat im Bezirk des Oberlandesgerichts Koblenz. 1992 Richter am Verwaltungsgericht in Trier. 1994 Abordnung ins Ministerium der Justiz des Landes Rheinland-Pfalz in Mainz, Leiter der Pressestelle und der Öffentlichkeitsarbeit des Ministeriums der Justiz des Landes Rheinland-Pfalz in Mainz. 2001 Leiter des Justizreferats und ab 2006 stellvertretender Leiter der Abteilung Bundesangelegenheiten in der Vertretung des Landes Rheinland-Pfalz beim Bund und der Europäischen Union in Berlin. 2009 bis März 2010 Dienststellenleiter der Vertretung des Landes Niedersachsen beim Bund in Berlin. Ab März 2010 Leiter der Unterabteilung „Informationsgesellschaft, Medien", später der Unterabteilung „Haushalt, Personal, Organisation, Informationstechnik (CIO)" im Bundesministerium für Wirtschaft und Technologie. Januar bis Mai 2011 Leiter der Unterabteilung „Haushalt, Personal, Organisation, Informationstechnik (CIO)" im Bundesministerium für Wirtschaft und Technologie und Beauftragter für IT des gesamten Ressorts (Ressort-CIO). 2011 Leiter der „Leitungs- und Planungsabteilung" im Bundesministerium für Wirtschaft und Technologie. 2013 Leiter der Abteilung „IT-, Kommunikations- und Postpolitik" im Bundesministerium für Wirtschaft und Technologie. 2014 Leiter der Unterabteilung „Handwerk, Gewerberecht und -förderung, Bildungspolitik, Freie Berufe" im Bundesministerium für Wirtschaft und Energie. 2015 Leiter der Abteilung „Digital- und Innovationspolitik" im Bundesministerium für Wirtschaft und Energie. Seit 2021 Staatssekretär im Bundesministerium für Digitales und Verkehr.

Bundesministerium für Umwelt, Naturschutz, nukleare Sicherheit und Verbraucherschutz

Robert-Schuman-Platz 3, 53175 Bonn
Postanschrift: Postfach 12 06 29, 53048 Bonn
Telefon: 0228 99 305-0
Telefax: 0228 99 305-3225

Dienstsitze Berlin:
Stresemannstraße 128–130, 10117 Berlin
Köthener Straße 2–3, 10963 Berlin
Zimmerstraße 69, 10117 Berlin
Postanschrift: 11055 Berlin

E-Mail: poststelle@bmuv.bund.de
Internet: www.bmuv.de

Bundesministerin
Steffi Lemke
E-Mail: ministerbuero@bmuv.bund.de

Parlamentarische Staatssekretärin
Dr. Bettina Hoffmann
E-Mail: buero.hoffmann@bmuv.bund.de

Parlamentarischer Staatssekretär
Christian Kühn
E-Mail: buero.kuehn@bmuv.bund.de

Staatssekretärin
Christiane Rohleder
E-Mail: buero.rohleder@bmuv.bund.de

Staatssekretär
Stefan Tidow
E-Mail: buero.tidow@bmuv.bund.de

LEMKE, Steffi

Diplom-Agraringenieurin,
Bundesministerin

Bundesministerium für Umwelt,
Naturschutz, nukleare Sicherheit
und Verbraucherschutz
11055 Berlin

Geboren am 19. Januar 1968 in Dessau; 1 Kind
1974/84 POS Dessau. 1984/86 Ausbildung zur Zootechnikerin. 1986/88 Tätigkeit als Briefträgerin. 1986/88 Abendschule und Abitur am Philanthropinum, Dessau. 1988/93 Studium der Agrarwissenschaften Humboldt-Univ. Berlin. 1993/94 Fraktionsgeschäftsführerin der Stadtratsfraktion Bürger/Forum/Grüne in Dessau. Seit 1990 Mitglied BÜNDNIS 90/DIE GRÜNEN, 1993/94 Mitglied Landesvorst. BÜNDNIS 90/DIE GRÜNEN Sachsen-Anhalt; 2002/13 Politische Bundesgeschäftsführerin von BÜNDNIS 90/DIE GRÜNEN. Mitglied des Bundestages 1994/2002 und seit Okt. 2013, 1998/2002 und 2013/21 Parl. Geschäftsführerin der Fraktion BÜNDNIS 90/DIE GRÜNEN und Sprecherin für Naturschutz, 2017/21 Mitglied Ältestenrat. Seit Dez. 2021 Bundesministerin für Umwelt, Naturschutz, nukleare Sicherheit und Verbraucherschutz.

Dr. HOFFMANN, Bettina

Parl. Staatssekretärin, Dipl.-Biologin

Bundesministerium für Umwelt,
Naturschutz, nukleare Sicherheit
und Verbraucherschutz
11055 Berlin

Geboren am 18. Januar 1960 in Heimboldshausen; verheiratet, 2 Kinder. 1980/88 Studium Dipl.-Biologie in Marburg. 1989/97 Leitung Labor-Abteilung Mikrobiologie, Laborarztpraxis in Kassel/Bad Hersfeld. 1997/99 Selbstständigkeit, Agentur. 1999/2017 Geschäftsführerin einer Agentur für Planung und Kommunikation im Bereich Umweltbildung, sanfter Tourismus und Regionalentwicklung, Niedenstein. Seit 1997 Stadtverordnete Niedenstein; 2001/06 Kreistagsabgeordnete und stellv. Fraktionsvors., 2006/18 Kreisbeigeordnete im Schwalm-Eder-Kreis, Engagement für die Grünen: Mitglied im Parteirat, BDK-Delegierte und Kreisvorstandssprecherin, Sprecherin der LAG Ländliche Räume, Landwirtschaft, Wald und Verbraucher*innenschutz, 2011/16 Abgeordnete in der Regionalversammlung Nordhessen, 2011/17 Beisitzerin im Landesvorstand Hessen und Frauenpolitische Sprecherin, ehrenamtl. Engagement als Abgeordnete im Landeswohlfahrtsverband Hessen, seit Mai 2021 Kreistagsabgeordnete – Mitglied des Bundestages seit Okt. 2017; seit Dez. 2021 Parl. Staatssekretärin bei der Bundesministerin für Umwelt, Naturschutz, nukleare Sicherheit und Verbraucherschutz.

KÜHN, Christian

Parl. Staatssekretär, Politologe

Bundesministerium für Umwelt,
Naturschutz, nukleare Sicherheit
und Verbraucherschutz
11055 Berlin

Geboren am 9. April 1979 in Tübingen; verheiratet, 3 Kinder.
1999 Abitur in Göppingen. Zivildienst Sozialer Friedensdienst Göppingen. 2000/09 Studium Politikwissenschaft und Soziologie Eberhard-Karls-Univ. Tübingen, Magister Artium. 2004/09 Mitarbeiter bei Winfried Hermann MdB, 2009/10 Mitarbeiter in der Verwaltung der Fakultät für Wirtschaftswissenschaften Eberhard-Karls-Univ. Tübingen. Mitgl. im Beirat Pro RegioStadtbahn, Beirat Verband Wohneigentum e.V., Beirat Deutsche Unternehmensinitiative Energieeffizienz e.V. (DENEFF), Beirat Bundesstiftung Baukultur, Parl. Beirat Bundesverband Erneuerbare Energien e.V., Mitgl. NABU, Deutscher Mieterbund, Finanzwende e.V., Verein für Obstbau, Garten und Landschaft Immenhausen e.V., Flüchtlinge am Werk Kusterdingen e.V., LTT Freunde! e.V., Natur- und Vogelschutzverein Ergenzingen e.V., VfB Stuttgart e.V., Europa-Union Deutschland, Härtenliste Umweltschutz und Demokratie e.V., Alternative Liste Tübingen, Förderverein für jüdische Kultur in Tübingen e.V., Förderverein Berghof Peace Education/Institut für Friedenspädagogik Tübingen e.V., Campus-Grün, GAR – Grüne und Alternative in den Räten, Genossenschaftsladen Im Löwen Laden eG, IBA'27 Friends, Freunde des MUT e.V. Gesellschaft zur Förderung des Museums der Univ. Tübingen MUT, Pate der GRÜNEN JUGEND Baden-Württemberg. Seit 1996 aktiv bei der GRÜNEN JUGEND, seit 1998 Mitgl. Bündnis 90/Die Grünen, 2002/09 Mitgl. Kreisvorst. Bündnis 90/Die Grünen Tübingen, 2007/19 Mitgl. Landesvorst. Bündnis 90/Die Grünen Baden-Württemberg, 2009/13 Landesvors. Bündnis 90/Die Grünen Baden-Württemberg. 2009/11 Mitgl. im Bezirksbeirat Mitte der Stadt Tübingen. – Mitglied des Bundestages seit Okt. 2013; seit Dez 2021 Parl. Staatssekretär bei der BMin. für Umwelt, Naturschutz, nukleare Sicherheit und Verbraucherschutz.

Dr. ROHLEDER, Christiane

Juristin, Staatssekretärin

Bundesministerium für Umwelt,
Naturschutz, nukleare Sicherheit
und Verbraucherschutz
11055 Berlin

Geboren 1969 in Wadern; verheiratet, 1 Sohn.
Abitur in St. Ingbert, Studium Rechtswissenschaft in Bochum und Regensburg, Promotion in Sexualstrafrecht Univ. Regensburg, 2000/03 Referentin für Rechts- und Innenpolitik bei der Grünen Bundestagsfraktion, 2003/13 Referentin im Bundesministerium für Ernährung, Landwirtschaft und Verbraucherschutz, 2014/16 pers. Referentin des Parl. Staatssekretärs Ulrich Kelber, 2016 Referatsleiterin im Bundesministerium der Justiz und für Verbraucherschutz. 2016/21 Staatssekretärin im Ministerium für Familie, Frauen, Jugend, Integration und Verbraucherschutz des Landes Rheinland-Pfalz; Landesbeauftragte für gleichgeschlechtliche Lebensweisen und Geschlechtsidentität. Seit Dezember 2021 Staatssekretärin im Bundesministerium für Umwelt, Naturschutz, nukleare Sicherheit und Verbraucherschutz.

TIDOW, Stefan

Staatssekretär

Bundesministerium für Umwelt,
Naturschutz, nukleare Sicherheit
und Verbraucherschutz
11055 Berlin

Geboren am 14. Juli 1967 in Hannover; verheiratet, 2 Kinder.
1986 Abitur Lüchow, 1986/88 Zivildienst Hannover, 1989/96 Studium Politikwissenschaft, VWL und Pädagogik Philipps-Univ. Marburg, Diplom-Politikwissenschaftler. 1997/99 wissenschaftl. Mitarbeiter Institut für Politikwissenschaft, 2000/02 wissenschaftl. Mitarbeiter MdB Christian Sterzing, 2002/03 Bundesvorst. Bündnis 90/Die Grünen, Büroleiterin MdB Claudia Roth, 2003/08 Referent Bundesministerium für Umwelt, Naturschutz und Reaktorsicherheit, 2008/11 wissenschaftl. Koordinator und Büroleiter Bundestagsfraktion Bündnis 90/Die Grünen, 2011/12 stellv. Dienststellenleiter der Vertretung des Landes Rheinland-Pfalz beim Bund und bei der Europäischen Union, 2012/16 ständiger Vertreter der Bevollmächtigen des Landes Rheinland-Pfalz beim Bund und für Europa, Leiter der Vertretung des Landes beim Bund und bei der Europäischen Union. 2016 Projektleiter Industriepolitik bei Agora Energiewende. Dez. 2016/ Dez. 2021 Staatssekretär der Senatsverwaltung für Umwelt, Verkehr und Klimaschutz Berlin. Seit Dez. 2021 Staatssekretär im Bundesministerium für Umwelt, Naturschutz, nukleare Sicherheit und Verbraucherschutz.

Bundesministerium für Bildung und Forschung

Heinemannstraße 2, 53175 Bonn
Postanschrift: 53170 Bonn
Telefon: 0228 99 57-0
Telefax: 0228 99 57-83601

Dienstsitz Berlin:
Kapelle-Ufer 1, 10117 Berlin
Postanschrift: 11055 Berlin

E-Mail: bmbf@bmbf.bund.de
Internet: http://www.bmbf.de

Bundesministerin
Bettina Stark-Watzinger
E-Mail: bettina.stark-watzinger@bmbf.bund.de

Parlamentarischer Staatssekretär
Dr. Jens Brandenburg
E-Mail: jens.brandenburg@bmbf.bund.de

Parlamentarischer Staatssekretär
Dr. h. c. Thomas Sattelberger
E-Mail: thomas.sattelberger@bmbf.bund.de

Staatssekretärin
Kornelia Haugg
E-Mail: kornelia.haugg@bmbf.bund.de

Staatssekretärin
Judith Pirscher
E-Mail: judith.pirscher@bmbf.bund.de

STARK-WATZINGER, Bettina

Diplom-Volkswirtin, Bundesministerin

Bundesministerium für Bildung
und Forschung
11055 Berlin

Geboren am 12. Mai 1968 in Frankfurt am Main; verheiratet, 2 Kinder. Studium der Volkswirtschaftslehre in Mainz und Frankfurt. Bis Okt. 2017 Geschäftsführerin einer interdisziplinären Forschungseinrichtung. Mitgl. der FDP, 2011/14 Kreisvors. der FDP Main-Taunus, seit 2011 Mitglied Landesvorst. der FDP Hessen, 2014/21 stellv. Landesvors., 2015/19 Generalsekretärin und seit März 2021 Vors. der FDP Hessen, bis Juli 2020 Mitgl. der Stadtverordnetenversammlung Bad Soden, Vors. der FDP-Fraktion, bis Okt. 2017 Mitglied des Kreistags Main-Taunus. Seit Dez. 2021 Bundesministerin für Bildung und Forschung. – Mitglied des Bundestages seit Okt. 2017; 2018/20 Vors. Finanzausschuss; 2020/21 Parl. Geschäftsführerin der FDP-Fraktion. Seit Dez. 2021 Bundesministerin für Bildung und Forschung.

Dr. BRANDENBURG, Jens

Parl. Staatssekretär,
Unternehmensberater

Bundesministerium für Bildung
und Forschung
11055 Berlin

Geboren am 8. März 1986 in Simmerath; verpartnert.
2005 Abitur in Monschau, 2002/03 Auslandsschuljahr an der Lutheran High School, Little Rock/USA, 2005/10 Studium der Politikwissenschaft und Volkswirtschaftslehre Univ. Mannheim, 2010/14 Promotion an der Graduate School of Economic and Social Sciences. 2014/17 Berater einer großen Strategieberatung. 2010/13 Landesvors. der Jungen Liberalen Baden-Württemberg, seit 2018 Mitglied im Kuratorium der Bundesstiftung Magnus Hirschfeld, seit 2019 Mitglied im Kuratorium der Deutschen AIDS-Stiftung. – Mitglied des Bundestages seit Okt. 2017; 19. WP Sprecher der FDP-Fraktion für Studium, berufliche Bildung und lebenslanges Lernen und für LSBTI, Obmann der Enquete-Kommission Berufliche Bildung in der digitalen Welt, Obmann im Ausschuss für Bildung, Forschung und Technikfolgenabschätzung; seit Dez. 2021 Parl. Staatssekretär bei der BMin. für Bildung und Forschung.

Dr. h. c. SATTELBERGER, Thomas

Parl. Staatssekretär, Vorstand i. R.

Bundesministerium für Bildung
und Forschung
11055 Berlin

Geboren am 5. Juni 1949 in Munderkingen; verheiratet.
1972/75 Daimler-Benz, Stuttgart, Studium Dipl.-Betriebswirt (Duale Hochschule), 1975/78 Daimler-Benz, Stuttgart, Direktion Zentrale Bildung, Leiter Abiturientenausb., 1979/82 Direktion Zentrale Bildung, Innov. Weiterbildungskonzepte, 1982/88 Motoren- und Turbinen-Union München/Friedrichshafen, Leiter Bildung und Führungskräfteentw., 1989/94 Daimler-Benz Aerospace AG, München, Vice President Education & Management Development, 1994/99 Dt. Lufthansa AG, Frankfurt a. M., Senior Vice President Konzern-Führungskräfte und Personalentw., 1999/2003 Mitglied Airline-Vorstand, Executive Vice President Product & Service, 2003/07 Continental AG, Hannover, Personalvorstand und Arbeitsdirektor, 2007/12 Dt. Telekom AG, Bonn, Personalvorstand und Arbeitsdirektor, seit 2012 im aktiven Unruhezustand. 2008 Gründer und bis heute Vors. BDA/BDI-Initiative „MINT Zukunft", 2012 Co-Gründer und bis 2017 ehrenamtl. Sprecher Nationales MINT Forum. Seit 2016 Dr. rer. pol. h.c. Fakultät Wirtschaftswiss., -informatik und -recht der Univ. Siegen. Fellow Internat. Acad. of Management (IOAM). Beiratsvors. Hochschulallianz f. Mittelstand. Bis 2017 Beiratsvors. Deutschlandstipendium, Mitglied Akkreditierungsrat Stiftung zur Akkreditierung von Studiengängen in Deutschland, Mitglied Beirat Innere Führung der BW. Seit 2015 Mitglied der FDP. – Mitglied des Bundestages seit Okt. 2017; seit Dez. 2021 Parl. Staatssekretär bei der BMin. für Bildung und Forschung.

HAUGG, Kornelia

Staatssekretärin

Bundesministerium für Bildung
und Forschung
11055 Berlin

Geboren am 8. Januar 1960 in Günzburg; verheiratet.
1979 Abitur. Studium der Haushalts- und Ernährungswissenschaften an der TU München-Weihenstephan und der Justus-Liebig-Universität Gießen. 1985/88 Wissenschaftl. Mitarbeiterin bei Prof. Dr. Rosemarie von Schweitzer am Institut für Wirtschaftslehre und Verbrauchsforschung an der Justus-Liebig-Universität Gießen. 1988/89 Referentin im Bundesministerium für Jugend, Familie, Frauen und Gesundheit (Bereich Jugend- und Familienforschung). 1989/95 Referentin im Bundesministerium für Bildung und Wissenschaft in den Bereichen Personal in der beruflichen Bildung, Bundesinstitut für Berufsbildung, Berufsbildungsprogramme mit anderen Staaten, bildungspolitische Zusammenarbeit in der Europäische Union. 1995 Abordnung zum Department for Education and Employment, London. 1995/2000 Referentin im Bundesministerium für Bildung und Forschung in den Bereichen Allgemeine Hochschulangelegenheiten; Strategie und Planung. 2000/05 Referatsleiterin für den Bereich Strategie und Planung. 2005 Unterabteilungsleiterin Forschungseinrichtungen, Wissenschaftsrat. 2006/21 Leiterin der Abteilung 3 im Bundesministerium für Bildung und Forschung. Seit Dez. 2021 Staatssekretärin im Bundesministerium für Bildung und Forschung.

PIRSCHER, Judith

Staatssekretärin

Bundesministerium für Bildung
und Forschung
11055 Berlin

Geboren am 29. 12. 1967 in Dortmund.
Studium Rechtswissenschaften in Bayreuth, nach Rechtsreferendariat und zweitem Staatsexamen Rechtsanwältin in Düsseldorf. 1998 bis 2000 Umweltpolitische Sprecherin der FDP-Bundestagsfraktion in Bonn und Berlin; 2000 bis 2005 stellvertretende Geschäftsführerin und Justitiarin der FDP-Landtagsfraktion in Düsseldorf; 2005 Leiterin des Ministerbüro im Innenministerium Nordrhein-Westfalen; anschließend Wechsel zum Landesverfassungsschutz; ab Oktober 2010 Ständige Vertreterin des Landesbeauftragten für Datenschutz und Informationsfreiheit des Landes Nordrhein-Westfalen. 2011 bis 2019 Landesrätin beim Landschaftsverband Westfalen-Lippe für den LWL-Bau- und Liegenschaftsbetrieb sowie Geschäftsführerin der Kommunalen Versorgungskassen Westfalen-Lippe. 2019 bis 2021 Regierungspräsidentin des Regierungsbezirks Detmold. Seit Januar 2022 Staatssekretärin im Bundesministerium für Bildung und Forschung.

Bundesministerium für wirtschaftliche Zusammenarbeit und Entwicklung

Dahlmannstraße 4, 53113 Bonn
Postanschrift: Postfach 12 03 22, 53045 Bonn
Telefon: 0228 99 535-0
Telefax: 0228 99 535-3500

Dienstsitz Berlin:
Stresemannstraße 94, 10963 Berlin
Postanschrift: 11055 Berlin

E-Mail: poststelle@bmz.bund.de
Internet: www.bmz.de

Bundesministerin
Svenja Schulze
E-Mail: svenja.schulze@bmz.bund.de

Parlamentarischer Staatssekretär
Niels Annen
E-Mail: niels.annen@bmz.bund.de

Parlamentarische Staatssekretärin
Dr. Bärbel Kofler
E-Mail: baerbel.kofler@bmz.bund.de

Staatssekretär
Jochen Flasbarth
E-Mail: jochen.flasbarth@bmz.bund.de

SCHULZE, Svenja

Bundesministerin

Bundesministerium für wirtschaftliche
Zusammenarbeit und Entwicklung
11055 Berlin

Geboren am 29. September 1968 in Düsseldorf.
Abitur 1988 in Neuss. Studium der Germanistik und Politikwissenschaften in Bochum, Magisterabschluss 1996, 1993 bis 1997 freiberufliche Werbe- und PR-Arbeit. Ab 2000 Unternehmensberaterin, Schwerpunkt auf dem Public Sector. Juli 2010 bis Juni 2017 Ministerin für Innovation, Wissenschaft und Forschung des Landes Nordrhein-Westfalen. Mitglied der SPD seit 1988. 1988 bis 1989 Landesschülersprecherin Nordrhein-Westfalen. 1990 bis 1991 Vorsitzende des Allgemeinen Studierendenausschusses (AStA) an der Ruhr Universität Bochum. 1993 bis 1997 Juso Landesvorsitzende NRW. 2017/18 Generalsekretärin der NRWSPD. Abgeordnete des Landtags Nordrhein-Westfalen 1997 bis 2000, 2004 bis 2012 und 2012 bis 2018. Mitglied des Bundestages seit Oktober 2021. März 2018 bis Dezember 2021 Bundesministerin für Umwelt, Naturschutz und nukleare Sicherheit, seit Dezember 2021 Bundesministerin für wirtschaftliche Zusammenarbeit und Entwicklung.

ANNEN, Niels

Historiker, Politikwissenschaftler,
Parl. Staatssekretär

Bundesministerium für wirtschaftliche
Zusammenarbeit und Entwicklung
11055 Berlin

Geboren am 6. April 1973 in Hamburg-Eimsbüttel; verheiratet.
1992 Abitur an der Peter-Petersen Schule, Hamburg. 1993/94 Zivildienst, Landesjugendring Hamburg. Ab 1994 Studium Geschichte und Lateinamerikastudien Univ. Hamburg, 1997/98 Univ. Complutense, Madrid, Spanien, 2010 Bachelor of Arts, Geschichte und Spanisch an der Humboldt Universität, Berlin, 2011 Master of International Public Policy, Johns Hopkins University, Washington D.C., USA. 2010/11 Senior Resident Fellow, German Marshall Fund, Washington D.C., USA. 2011/13 Referat Internationale Politikanalyse der Friedrich-Ebert-Stiftung in Berlin. 2001/04 Bundesvors. der Jungsozialistinnen und Jungsozialisten in der SPD, 2003/19 Mitgl. des SPD-Parteivorst. Zahlreiche Mitgliedschaften u. a. ASB, Atlantik-Brücke e.V., ver.di, Gegen Vergessen – für Demokratie e.V., stellv. Mitgl. Parl. Versammlung Europarat. Herausgeber der Zeitschrift für Sozialistische Politik und Gesellschaft. Englisch (f), Spanisch (f), Portugiesisch (G). – Mitglied des Bundestages 2005/09 und seit Okt. 2013; 2014/18 außenpolitischer Sprecher der SPD-Fraktion, seit 2018 Mitgl. Leitungskreis der Parl. Linken in der SPD-Fraktion; März 2018/Dez 2021 Staatsminister im Auswärtigen Amt, seit Dez. 2021 Parl. Staatssekretär bei der Bundesministerin für wirtschaftliche Zusammenarbeit und Entwicklung.

Dr. KOFLER, Bärbel

Parl. Staatssekretärin, Bankkauffrau, Dipl.-Informatikerin (FH), Sprachwissenschaftlerin

Bundesministerium für wirtschaftliche Zusammenarbeit und Entwicklung
11055 Berlin

Geboren am 24. Mai 1967 in Freilassing.
1983 Mittlere Reife. 1983 bis 1986 Banklehre. 1987 Fachhochschulreife (Zweiter Bildungsweg), 1987 bis 1992 Informatikstudium an der FH Rosenheim, 1992 bis 1996 Studium der Sprachwissenschaften, Russisch und Spanisch an der Universität Salzburg. 1998 Promotion Dr. phil. 1986 bis 1987 Bankangestellte. 1996 bis 1999 Angestellte einer Salzburger Tourismusfirma, 1999 bis 2001 DAAD-Lektorin in Moskau, 2001 bis 2002 Sprachlehrerin Deutsch als Fremdsprache, Russisch. 2002 bis 2004 Dozentin an einer Zivildienstschule. Gewerkschaftsmitglied seit 1986, z. Zt. GEW, IG Metall und IG BCE; Mitglied der AWO. 1991 Eintritt in die SPD, stellvertretende Bezirksvorsitzende SPD Oberbayern, seit Juni 2015 Vorsitzende SPD-Kreisverband Traunstein. Seit Mai 2014 Mitglied im Kreistag Traunstein. Mitglied des Bundestages seit September 2004; Mitglied des erweiterten Vorstands der SPD-Fraktion, stellvertretende Vorsitzende der Landesgruppe Bayern der SPD-Fraktion, Entwicklungspolitische Sprecherin der SPD-Fraktion. März 2016/Dez 2021 Beauftragte der Bundesregierung für Menschenrechtspolitik und Humanitäre Hilfe, seit Dez. 2021 Parl. Staatssekretärin bei der Bundesministerin für wirtschaftliche Zusammenarbeit und Entwicklung.

FLASBARTH, Jochen

Staatssekretär

Bundesministerium für wirtschaftliche
Zusammenarbeit und Entwicklung
11055 Berlin

Geboren am 4. April 1962 in Duisburg-Rheinhausen.
1983 bis 1989 Studium der Volkswirtschaft, Politikwissenschaft und Philosophie in Münster und Bonn, Abschluss als Diplom-Volkswirt. 1989 bis 1992 Lektoratsleiter beim Economica-Verlag in Bonn. 1994 bis 2003 hauptamtlicher Präsident des Naturschutzbundes Deutschland (NABU). 2003 bis 2009 Abteilungsleiter „Naturschutz und nachhaltige Naturnutzung" im Bundesministerium für Umwelt, Naturschutz und Reaktorsicherheit. September 2009 bis Dezember 2013 Präsident des Umweltbundesamtes. Dezember 2013 bis Dezember 2021 Staatssekretär im Bundesumweltministerium. Seit Dezember 2021 Staatssekretär im Bundesministerium für wirtschaftliche Zusammenarbeit und Entwicklung.

Bundesministerium für Wohnen, Stadtentwicklung und Bauwesen

Krausenstr. 17-18, 10117 Berlin
Postanschrift: 11014 Berlin

Bundesministerin
Klara Geywitz

Parlamentarischer Staatssekretär
Sören Bartol

Parlamentarische Staatssekretärin
Cansel Kiziltepe

Staatssekretär
Dr. Rolf Bösinger

(das Ministerium befindet sich noch im Aufbau)

GEYWITZ, Klara

Diplom-Politologin, Bundesministerin

Bundesministerium für Wohnen,
Stadtentwicklung und Bauwesen
11014 Berlin

Geboren am 18. Februar 1976 in Potsdam; verheiratet, 3 Kinder.
1995 Abitur. 1995 bis 2002 Studium der Politikwissenschaften an der Universität Potsdam, Abschluss Diplom-Politologin. 2002 bis 2004 Referentin beim SPD Landesverband Brandenburg. Mitglied der Stadtverordnetenversammlung Potsdam Oktober 1998 bis September 2013 und seit Juni 2014. Mitglied des Landtags Brandenburg Oktober 2004 bis September 2019; Oktober 2004 bis Oktober 2009 stellvertretende Vorsitzende der SPD-Fraktion; November 2009 bis Oktober 2010 Parlamentarische Geschäftsführerin; Oktober 2014 bis September 2019 Mitglied des Präsidiums. Seit 1994 Mitglied der SPD; 2013 bis 2017 Generalsekretärin der SPD Brandenburg, seit Dezember 2019 stellvertretende Vorsitzende der SPD. Seit Dezember 2021 Bundesministerin für Wohnen, Stadtentwicklung und Bauwesen.

BARTOL, Sören

Parl. Staatssekretär,
Diplom-Politikwissenschaftler

Bundesministerium für Wohnen,
Stadtentwicklung und Bauwesen
11014 Berlin

Geboren am 4. September 1974 in Hamburg; 2 Kinder und 2 Bonuskinder 1993 Abitur in Detmold/Lippe. Studium der Politologie, Jura und Medienwissenschaften in Marburg/Lahn, 2001 Diplom-Politikwissenschaftler. 2000/02 Mitarbeiter des hessischen Landtagsabgeordneten Ernst-Ludwig Wagner. 1990 Eintritt in die SPD, seit 2010 Unterbezirksvors. der SPD Marburg-Biedenkopf. Seit 2001 Mitgl. im Kreistag Marburg-Biedenkopf, Mitgl. im Vorstand der Schulstiftung der Ev. Kirche von Kurhessen-Waldeck, seit 2016 stellv. Mitgl. der Landessynode der Ev. Kirche Kurhessen-Waldeck, seit Sept. 2016 stellv. Vorstandsvors. Terra Tech Förderprojekte e.V., seit April 2018 Mitgl. Verwaltungsrat der Kreditanstalt für Wiederaufbau, Mitgl. ver.di, AWO, ai, Gegen Vergessen – Für Demokratie e.V., der Freiwilligen Feuerwehr Cappel, SJD – Die Falken Landesverband Hessen. – Mitglied des Bundestages seit Okt. 2002; 2004/11 stellv. Sprecher und bis 2013 Sprecher der Arbeitsgruppe Verkehr, Bau und Stadtentwicklung der SPD-Fraktion und Mitgl. im Fraktionsvorst., 2013/21 stellv. Vors. der SPD-Fraktion für Verkehr und digitale Infrastruktur; Bau, Wohnen, Stadtentwicklung und Kommunen; Digitale Agenda; ab 2018 auch für Wirtschaft; seit Dez. 2021 Parl. Staatssekretär bei der Bundesministerin für Wohnen, Stadtentwicklung und Bauwesen.

KIZILTEPE, Cansel

Parl. Staatssekretärin,
Diplom-Volkswirtin

Bundesministerium für Wohnen,
Stadtentwicklung und Bauwesen
11014 Berlin

Geboren am 8. Oktober 1975 in Berlin; verheiratet, 2 Kinder.
1982/88 Kurt-Schumacher-Grundschule Berlin, 1988/95 Hermann-Hesse-Gymnasium Berlin. 1996/2001 Studium der Volkswirtschaftslehre an der Technischen Universität Berlin. 2002 freie Mitarbeit beim Deutschen Gewerkschaftsbund; 2003 freie Mitarbeit beim Deutschen Institut für Wirtschaftsforschung, anschließend Dozentin für Wirtschaftspolitik an der Berufsakademie Berlin. Seit 2015 Geschäftsführerin Steuermythen.de. 2005/12 Büroleiterin und Referentin in einem Bundestagsbüro. Seit 2012 Referentin im Stab des Arbeitsdirektors beim Volkswagen Konzern. Mitgl. der IG Metall. Seit 2005 Mitgl. der SPD. Mitglied des Bundestages seit Okt. 2013; seit Dez. 2021 Parl. Staatssekretärin bei der Bundesministerin für Wohnen, Stadtentwicklung und Bauwesen.

Dr. BÖSINGER, Rolf

Wirtschaftswissenschaftler,
Staatssekretär

Bundesministerium für Wohnen,
Stadtentwicklung und Bauwesen
11014 Berlin

Geboren am 26. Januar 1966 in St. Georgen; verheiratet, 2 Kinder
1985 Abitur. 1986 bis 1991 Studium der Wirtschaftswissenschaften an der Universität Freiburg. 1990 bis 1991 Dozent an der Berufsakademie Lörrach für Mathematik. 1995 bis 1997 Promotion zum Thema „Neuordnung des bundesstaatlichen Finanzausgleichs 1995". 1997 bis 2000 Leiter des Grundsatzreferats „Wirtschafts- und Finanzpolitik, Unternehmensbeteiligungen des Landes" in der Staatskanzlei des Saarlandes. 2002 bis 2005 Leiter der Abteilung Politik, Koordinierung und Zielgruppen beim SPD-Parteivorstand, Berlin. 2005 bis 2008 Leiter des Leitungs- und Planungsstabs im Bundesministerium für Arbeit und Soziales, Berlin. 2008 bis 2010 Leiter der Abteilung Grundsatzfragen, Rentenfinanzen, Innovation und Information im Bundesministerium für Arbeit und Soziales, Berlin. 2011 bis 2012 Leiter der Gruppe „Unternehmensbezogene Aktivitäten einer zukunftsgerechten Arbeitswelt – Gesellschaftliche Verantwortung von Unternehmen (CSR)" im Bundesministerium für Arbeit und Soziales, Berlin. 2012 bis 2015 Leiter des Planungsstabes der Senatskanzlei der Freien und Hansestadt Hamburg. April 2015 bis März 2018 Staatsrat der Behörde für Wirtschaft, Verkehr und Innovation der Freien und Hansestadt Hamburg. 2018 bis 2021 Staatssekretär im Bundesministerium der Finanzen, seit Januar 2022 Staatssekretär im Bundesministerium für Wohnen, Stadtentwicklung und Bauwesen.

Bundeskabinette seit 1949

DIE BUNDESKABINETTE SEIT 1949

1. Wahlperiode (1949 – 1953): Kabinett Adenauer

Bundeskanzler	Konrad Adenauer	CDU
Stellvertreter des Bundeskanzlers	Franz Blücher	FDP
Auswärtiges (ab 15.3.1951)	Konrad Adenauer (ab 15.3.1951)	CDU
Inneres	Gustav Heinemann	CDU
	Robert Lehr (ab 13.10.1950)	CDU
Justiz	Thomas Dehler	FDP
Finanzen	Fritz Schäffer	CSU
Wirtschaft	Ludwig Erhard	CDU
Ernährung, Landwirtschaft und Forsten	Wilhelm Niklas	CSU
Arbeit und Sozialordnung	Anton Storch	CDU
Verkehr	Hans-Christoph Seebohm	DP
Post- und Fernmeldewesen	Hans Schuberth	CSU
Wohnungsbau	Eberhard Wildermuth	FDP
	Fritz Neumayer (ab 19.7.1952)	FDP
Vertriebene, Flüchtlinge und Kriegsbeschädigte	Hans Lukaschek	CDU
Gesamtdeutsche Fragen	Jakob Kaiser	CDU
Angelegenheiten des Bundesrates	Heinrich Hellwege	DP
Angelegenheiten des Marshallplanes	Franz Blücher	FDP

2. Wahlperiode (1953 – 1957): Kabinett Adenauer

Bundeskanzler	Konrad Adenauer	CDU
Stellvertreter des Bundeskanzlers	Franz Blücher	FDP → FVP
Auswärtiges	Konrad Adenauer	CDU
	Heinrich von Brentano (ab 8.6.1955)	CDU
Inneres	Gerhard Schröder	CDU
Justiz	Fritz Neumayer	FDP → FVP
	Hans-Joachim von Merkatz (ab 16.10.1956)	DP

Finanzen	Fritz Schäffer	CSU
Wirtschaft	Ludwig Erhard	CDU
Ernährung, Landwirtschaft und Forsten	Heinrich Lübke	CDU
Arbeit und Sozialordnung	Anton Storch	CDU
Verteidigung (ab 7.6.1955)	Theodor Blank	CDU
	Franz Josef Strauß (ab 16.10.1956)	CSU
Verkehr	Hans-Christoph Seebohm	DP
Post- und Fernmeldewesen	Hans Schuberth	CSU
	Siegfried Balke (ab 10.12.1953)	parteilos → CSU
	Ernst Lemmer (ab 15.11.1956)	CDU
Wohnungsbau	Viktor-Emanuel Preusker	FDP → FVP
Vertriebene, Flüchtlinge und Kriegsgeschädigte	Theodor Oberländer	GB/BHE → CDU
Gesamtdeutsche Fragen	Jakob Kaiser	CDU
Angelegenheiten des Bundesrates	Heinrich Hellwege	DP
	Hans-Joachim von Merkatz (ab 8.6.1955)	DP
Atomfragen (ab 20.10.1955)	Franz Josef Strauß	CSU
	Siegfried Balke (ab 16.10.1956)	CSU
Familienfragen	Franz-Josef Wuermeling	CDU
Wirtschaftliche Zusammenarbeit	Franz Blücher	FDP → FVP
Besondere Aufgaben	Robert Tillmanns (12.11.1955)	CDU
	Hermann Schäfer (bis 16.10.1956)	FDP → FVP
	Waldemar Kraft (bis 16.10.1956)	GB/BHE → CDU
	Franz Josef Strauß (bis 19.10.1955)	CSU

3. Wahlperiode (1957 – 1961): Kabinett Adenauer

Bundeskanzler	Konrad Adenauer	CDU
Stellvertreter des Bundeskanzlers	Ludwig Erhard	CDU
Auswärtiges	Heinrich von Brentano (bis 30. 10. 1961)	CDU
Inneres	Gerhard Schröder	CDU
Justiz	Fritz Schäffer	CSU
Finanzen	Franz Etzel	CDU
Wirtschaft	Ludwig Erhard	CDU
Ernährung, Landwirtschaft und Forsten	Heinrich Lübke	CDU
	Werner Schwarz (ab 14. 10. 1959)	CDU
Arbeit und Sozialordnung	Theodor Blank	CDU
Verteidigung	Franz Josef Strauß	CSU
Verkehr	Hans-Christoph Seebohm	DP → CDU
Post- und Fernmeldewesen	Richard Stücklen	CSU
Wohnungsbau	Paul Lücke	CDU
Vertriebene, Flüchtlinge und Kriegsgeschädigte	Theodor Oberländer	CDU
	Hans-Joachim von Merkatz (ab 27. 10. 1960)	DP → CDU
Gesamtdeutsche Fragen	Ernst Lemmer	CDU
Angelegenheiten des Bundesrates und der Länder	Hans-Joachim von Merkatz	DP → CDU
Atomkernenergie und Wasserwirtschaft	Siegfried Balke	CSU
Familien- und Jugendfragen	Franz-Josef Wuermeling	CDU
Wirtschaftlicher Besitz des Bundes	Hermann Lindrath	CDU
	Hans Wilhelmi (ab 4. 5. 1960)	CDU

4. Wahlperiode (1961 – 1965): Kabinett Adenauer (bis 15. 10. 1963)

Bundeskanzler	Konrad Adenauer	CDU
Stellvertreter des Bundeskanzlers	Ludwig Erhard	CDU
Auswärtiges	Gerhard Schröder	CDU
Inneres	Hermann Höcherl	CSU

Justiz	Wolfgang Stammberger	FDP
	Ewald Bucher (ab 14. 12. 1962)	FDP
Finanzen	Heinz Starke	FDP
	Rolf Dahlgrün (ab 14. 12. 1962)	FDP
Wirtschaft	Ludwig Erhard	CDU
Ernährung, Landwirtschaft und Forsten	Werner Schwarz	CDU
Arbeit und Sozialordnung	Theodor Blank	CDU
Verteidigung	Franz Josef Strauß	CSU
	Kai-Uwe von Hassel (ab 9. 1. 1963)	CDU
Verkehr	Hans-Christoph Seebohm	CDU
Post- und Fernmeldewesen	Richard Stücklen	CSU
Wohnungswesen, Städtebau und Raumordnung	Paul Lücke	CDU
Vertriebene, Flüchtlinge und Kriegsgeschädigte	Wolfgang Mischnick	FDP
Gesamtdeutsche Fragen	Ernst Lemmer	CDU
	Rainer Barzel (ab 14. 12. 1962)	CDU
Angelegenheiten des Bundesrates und der Länder	Hans-Joachim von Merkatz	CDU
	Alois Niederalt (ab 14. 12. 1962)	CSU
Atomkernenergie und Wasserwirtschaft	Siegfried Balke	CSU
ab 14. 12. 1962 umbenannt in: Bundesminister für wissenschaftliche Forschung	Hans Lenz (ab 14. 12. 1962)	FDP
Familien- und Jugendfragen	Franz-Josef Wuermeling	CDU
	Bruno Heck (ab 14. 12. 1962)	CDU
Bundesschatzminister	Hans Lenz	FDP
	Werner Dollinger (ab 14. 12. 1962)	CSU
Wirtschaftliche Zusammenarbeit	Walter Scheel	FDP
Gesundheitswesen	Elisabeth Schwarzhaupt	CDU
Besondere Aufgaben	Heinrich Krone	CDU

Kabinett Erhard (ab 16.10.1963)

Bundeskanzler	Ludwig Erhard	CDU
Stellvertreter des Bundeskanzlers	Erich Mende	FDP
Auswärtiges	Gerhard Schröder	CDU
Inneres	Hermann Höcherl	CSU
Justiz	Ewald Bucher	FDP
	Karl Weber (ab 1.4.1965)	CDU
Finanzen	Rolf Dahlgrün	FDP
Wirtschaft	Kurt Schmücker	CDU
Ernährung, Landwirtschaft und Forsten	Werner Schwarz	CDU
Arbeit und Sozialordnung	Theodor Blank	CDU
Verteidigung	Kai-Uwe von Hassel	CDU
Verkehr	Hans-Christoph Seebohm	CDU
Post- und Fernmeldewesen	Richard Stücklen	CSU
Wohnungswesen, Städtebau und Raumordnung	Paul Lücke	CDU
Vertriebene, Flüchtlinge und Kriegsgeschädigte	Hans Krüger	CDU
	Ernst Lemmer (ab 19.2.1964)	CDU
Gesamtdeutsche Fragen	Erich Mende	FDP
Angelegenheiten des Bundesrates und der Länder	Alois Niederalt	CSU
Wissenschaftliche Forschung	Hans Lenz	FDP
Familie und Jugend	Bruno Heck	CDU
Bundesschatzminister	Werner Dollinger	CSU
Wirtschaftliche Zusammenarbeit	Walter Scheel	FDP
Gesundheitswesen	Elisabeth Schwarzhaupt	CDU
Besondere Aufgaben	Heinrich Krone (bis 13.7.1964)	CDU
Bundesminister (Vorsitzender des Bundesverteidigungsrates)	Heinrich Krone (ab 13.7.1964)	CDU
Besondere Aufgaben	Ludger Westrick (ab 16.6.1964)	CDU

5. Wahlperiode (1965 – 1969): Kabinett Erhard (bis 1.12.1966)

Bundeskanzler	Ludwig Erhard	CDU
Stellvertreter des Bundeskanzlers	Erich Mende	FDP
	Hans Christoph Seebohm (ab 8.11.1966)	CDU
Auswärtiges	Gerhard Schröder	CDU
Inneres	Paul Lücke	CDU
Justiz	Richard Jaeger	CSU
Finanzen	Rolf Dahlgrün	FDP
	Kurt Schmücker (ab 8.11.1966)	CDU
Wirtschaft	Kurt Schmücker	CDU
Ernährung, Landwirtschaft und Forsten	Hermann Höcherl	CSU
Arbeit und Sozialordnung	Hans Katzer	CDU
Verteidigung	Kai-Uwe von Hassel	CDU
Verkehr	Hans-Christoph Seebohm	CDU
Post- und Fernmeldewesen	Richard Stücklen	CSU
Wohnungswesen und Städtebau	Ewald Bucher	FDP
	Bruno Heck (ab 8.11.1966)	CDU
Vertriebene, Flüchtlinge und Kriegsgeschädigte	Johann Baptist Gradl	CDU
Gesamtdeutsche Fragen	Erich Mende	FDP
	Johann Baptist Gradl (ab 8.11.1966)	CDU
Angelegenheiten des Bundesrates und der Länder	Alois Niederalt	CSU
Wissenschaftliche Forschung	Gerhard Stoltenberg	CDU
Familie und Jugend	Bruno Heck	CDU
Bundesschatzminister	Werner Dollinger	CSU
Wirtschaftliche Zusammenarbeit	Walter Scheel	FDP
	Werner Dollinger (ab 8.11.1966)	CSU
Gesundheitswesen	Elisabeth Schwarzhaupt	CDU
Angelegenheiten des Bundesverteidigungsrates	Heinrich Krone	CDU
Besondere Aufgaben	Ludger Westrick	CDU

Kabinett Kiesinger (ab 1.12.1966)

Bundeskanzler	Kurt Georg Kiesinger	CDU
Stellvertreter des Bundeskanzlers	Willy Brandt	SPD
Auswärtiges	Willy Brandt	SPD
Inneres	Paul Lücke	CDU
	Ernst Benda (ab 2.4.1968)	CDU
Justiz	Gustav Heinemann	SPD
	Horst Ehmke (ab 26.3.1969)	SPD
Finanzen	Franz Josef Strauß	CSU
Wirtschaft	Karl Schiller	SPD
Ernährung, Landwirtschaft und Forsten	Hermann Höcherl	CSU
Arbeit und Sozialordnung	Hans Katzer	CDU
Verteidigung	Gerhard Schröder	CDU
Verkehr	Georg Leber	SPD
Post- und Fernmeldewesen	Werner Dollinger	CSU
Wohnungswesen und Städtebau	Lauritz Lauritzen	SPD
Vertriebene, Flüchtlinge und Kriegsgeschädigte	Kai-Uwe von Hassel	CDU
	Heinrich Windelen (ab 7.2.1969)	CDU
Gesamtdeutsche Fragen	Herbert Wehner	SPD
Angelegenheiten des Bundesrates und der Länder	Carlo Schmid	SPD
Wissenschaftliche Forschung	Gerhard Stoltenberg	CDU
Familie und Jugend	Bruno Heck	CDU
	Aenne Brauksiepe (ab 16.10.1968)	CDU
Bundesschatzminister	Kurt Schmücker	CDU
Gesundheitswesen	Käte Strobel	SPD
Wirtschaftliche Zusammenarbeit	Hans-Jürgen Wischnewski	SPD
	Erhard Eppler (ab 16.10.1968)	SPD

6. Wahlperiode (1969 – 1972): Kabinett Brandt

Bundeskanzler	Willy Brandt	SPD
Stellvertreter des Bundeskanzlers	Walter Scheel	FDP
Auswärtiges	Walter Scheel	FDP
Inneres	Hans-Dietrich Genscher	FDP
Justiz	Gerhard Jahn	SPD
Finanzen	Alex Möller (bis 13.5.1971)	SPD
Wirtschaft	Karl Schiller (bis 13.5.1971)	SPD
Wirtschaft und Finanzen (ab 13.5.1971)	Karl Schiller	SPD
	Helmut Schmidt (ab 7.7.1972)	SPD
Ernährung, Landwirtschaft und Forsten	Josef Ertl	FDP
Arbeit und Sozialordnung	Walter Arendt	SPD
Verteidigung	Helmut Schmidt	SPD
	Georg Leber (ab 7.7.1972)	SPD
Jugend, Familie und Gesundheit	Käte Strobel	SPD
Verkehr, Post- und Fernmeldewesen	Georg Leber	SPD
	Lauritz Lauritzen (ab 7.7.1972)	SPD
Städtebau und Wohnungswesen	Lauritz Lauritzen	SPD
Innerdeutsche Beziehungen	Egon Franke	SPD
Bildung und Wissenschaft	Hans Leussink	parteilos
	Klaus von Dohnanyi (ab 15.3.1972)	SPD
Wirtschaftliche Zusammenarbeit	Erhard Eppler	SPD
Besondere Aufgaben	Horst Ehmke	SPD

7. Wahlperiode (1972 – 1976): Kabinett Brandt (bis 6.5.1974)

Bundeskanzler	Willy Brandt	SPD
Stellvertreter des Bundeskanzlers	Walter Scheel	FDP
Auswärtiges	Walter Scheel	FDP

Inneres	Hans-Dietrich Genscher	FDP
Justiz	Gerhard Jahn	SPD
Finanzen	Helmut Schmidt	SPD
Wirtschaft	Hans Friedrichs	FDP
Ernährung, Landwirtschaft und Forsten	Josef Ertl	FDP
Arbeit und Sozialordnung	Walter Arendt	SPD
Verteidigung	Georg Leber	SPD
Jugend, Familie und Gesundheit	Katharina Focke	SPD
Verkehr	Lauritz Lauritzen	SPD
Raumordnung, Bauwesen und Städtebau	Hans-Jochen Vogel	SPD
Innerdeutsche Beziehungen	Egon Franke	SPD
Forschung und Technologie, Post- und Fernmeldewesen	Horst Ehmke	SPD
Bildung und Wissenschaft	Klaus von Dohnanyi	SPD
Wirtschaftliche Zusammenarbeit	Erhard Eppler	SPD
Besondere Aufgaben	Egon Bahr	SPD
	Werner Maihofer	FDP

Kabinett Schmidt (ab 16.5.1974)

Bundeskanzler	Helmut Schmidt	SPD
Stellvertreter des Bundeskanzlers	Hans-Dietrich Genscher	FDP
Auswärtiges	Hans-Dietrich Genscher	FDP
Inneres	Werner Maihofer	FDP
Justiz	Hans-Jochen Vogel	SPD
Finanzen	Hans Apel	SPD
Wirtschaft	Hans Friedrichs	FDP
Ernährung, Landwirtschaft und Forsten	Josef Ertl	FDP
Arbeit und Sozialordnung	Walter Arendt	SPD
Verteidigung	Georg Leber	SPD
Jugend, Familie und Gesundheit	Katharina Focke	SPD
Verkehr, Post- und Fernmeldewesen	Kurt Gscheidle	SPD

Raumordnung, Bauwesen und Städtebau	Karl Ravens	SPD
Innerdeutsche Beziehungen	Egon Franke	SPD
Forschung und Technologie	Hans Matthöfer	SPD
Bildung und Wissenschaft	Helmut Rohde	SPD
Wirtschaftliche Zusammenarbeit	Erhard Eppler	SPD
	Egon Bahr (ab 8.7.1974)	SPD

8. Wahlperiode (1976–1980): Kabinett Schmidt

Bundeskanzler	Helmut Schmidt	SPD
Stellvertreter des Bundeskanzlers	Hans-Dietrich Genscher	FDP
Auswärtiges	Hans-Dietrich Genscher	FDP
Inneres	Werner Maihofer	FDP
	Gerhart Rudolf Baum (ab 8.6.1978)	FDP
Justiz	Hans-Jochen Vogel	SPD
Finanzen	Hans Apel	SPD
	Hans Matthöfer (ab 16.2.1978)	SPD
Wirtschaft	Hans Friedrichs	FDP
	Otto Graf Lambsdorff (ab 7.10.1977)	FDP
Ernährung, Landwirtschaft und Forsten	Josef Ertl	FDP
Arbeit und Sozialordnung	Herbert Ehrenberg	SPD
Verteidigung	Georg Leber	SPD
	Hans Apel (ab 16.2.1978)	SPD
Jugend, Familie und Gesundheit	Antje Huber	SPD
Verkehr, Post- und Fernmeldewesen	Kurt Gscheidle	SPD
Raumordnung, Bauwesen und Städtebau	Karl Ravens	SPD
	Dieter Haack (ab 16.2.1978)	SPD
Innerdeutsche Beziehungen	Egon Franke	SPD
Forschung und Technologie	Hans Matthöfer	SPD
	Volker Hauff (ab 16.2.1978)	SPD

Bildung und Wissenschaft	Helmut Rohde	SPD
	Jürgen Schmude (ab 16.2.1978)	SPD
Wirtschaftliche Zusammenarbeit	Marie Schlei	SPD
	Rainer Offergeld (ab 16.2.1978)	SPD

9. Wahlperiode (1980–1983): Kabinett Schmidt (bis 1.10.1982)

Bundeskanzler	Helmut Schmidt	SPD
Stellvertreter des Bundeskanzlers	Hans-Dietrich Genscher	FDP
	Egon Franke (ab 17.9.1982)	SPD
Auswärtiges	Hans-Dietrich Genscher	FDP
	Helmut Schmidt (ab 17.9.1982)	SPD
Inneres	Gerhart Rudolf Baum	FDP
	Jürgen Schmude (ab 17.9.1982)	SPD
Justiz	Hans-Jochen Vogel	SPD
	Jürgen Schmude (ab 28.1.1981)	SPD
Finanzen	Hans Matthöfer	SPD
	Manfred Lahnstein (ab 28.4.1982)	SPD
Wirtschaft	Otto Graf Lambsdorff	FDP
	Manfred Lahnstein (ab 17.9.1982)	SPD
Ernährung, Landwirtschaft und Forsten	Josef Ertl	FDP
	Björn Engholm (ab 17.9.1982)	SPD
Arbeit und Sozialordnung	Herbert Ehrenberg	SPD
	Heinz Westphal (ab 28.4.1982)	SPD
Verteidigung	Hans Apel	SPD
Jugend, Familie und Gesundheit	Antje Huber	SPD
	Anke Fuchs (ab 28.4.1982)	SPD
Verkehr	Volker Hauff	SPD
Post- und Fernmeldewesen	Kurt Gscheidle	SPD
	Hans Matthöfer (ab 28.4.1982)	SPD

Raumordnung, Bauwesen und Städtebau	Dieter Haack	SPD
Innerdeutsche Beziehungen	Egon Franke	SPD
Forschung und Technologie	Andreas von Bülow	SPD
Bildung und Wissenschaft	Jürgen Schmude	SPD
	Björn Engholm (ab 28.1.1981)	SPD
Wirtschaftliche Zusammenarbeit	Rainer Offergeld	SPD

Kabinett Kohl (ab 1.10.1982)

Bundeskanzler	Helmut Kohl	CDU
Stellvertreter des Bundeskanzlers	Hans-Dietrich Genscher	FDP
Auswärtiges	Hans-Dietrich Genscher	FDP
Inneres	Friedrich Zimmermann	CSU
Justiz	Hans A. Engelhard	FDP
Finanzen	Gerhard Stoltenberg	CDU
Wirtschaft	Otto Graf Lambsdorff	FDP
Ernährung, Landwirtschaft und Forsten	Josef Ertl	FDP
Arbeit und Sozialordnung	Norbert Blüm	CDU
Verteidigung	Manfred Wörner	CDU
Jugend, Familie und Gesundheit	Heiner Geißler	CDU
Verkehr	Werner Dollinger	CSU
Post- und Fernmeldewesen	Christian Schwarz-Schilling	CDU
Raumordnung, Bauwesen und Städtebau	Oscar Schneider	CSU
Innerdeutsche Beziehungen	Rainer Barzel	CDU
Forschung und Technologie	Heinz Riesenhuber	CDU
Bildung und Wissenschaft	Dorothee Wilms	CDU
Wirtschaftliche Zusammenarbeit	Jürgen Warnke	CSU

10. Wahlperiode (1983 – 1987): Kabinett Kohl

Bundeskanzler	Helmut Kohl	CDU
Stellvertreter des Bundeskanzlers	Hans-Dietrich Genscher	FDP
Auswärtiges	Hans-Dietrich Genscher	FDP
Inneres	Friedrich Zimmermann	CSU
Justiz	Hans A. Engelhard	FDP
Finanzen	Gerhard Stoltenberg	CDU
Wirtschaft	Otto Graf Lambsdorff	FDP
	Martin Bangemann (ab 27. 6. 1984)	FDP
Ernährung, Landwirtschaft und Forsten	Ignaz Kiechle	CSU
Arbeit und Sozialordnung	Norbert Blüm	CDU
Verteidigung	Manfred Wörner	CDU
Jugend, Familie und Gesundheit; Jugend, Familie, Frauen und Gesundheit (ab 6. 6. 1986)	Heiner Geißler	CDU
	Rita Süssmuth (ab 26. 9. 1985)	CDU
Verkehr	Werner Dollinger	CSU
Umwelt, Naturschutz und Reaktorsicherheit (ab 6. 6. 1986)	Walter Wallmann	CDU
Post- und Fernmeldewesen	Christian Schwarz-Schilling	CDU
Raumordnung, Bauwesen und Städtebau	Oscar Schneider	CSU
Innerdeutsche Beziehungen	Heinrich Windelen	CDU
Forschung und Technologie	Heinz Riesenhuber	CDU
Bildung und Wissenschaft	Dorothee Wilms	CDU
Wirtschaftliche Zusammenarbeit	Jürgen Warnke	CSU
Besondere Aufgaben	Wolfgang Schäuble (ab 15. 11. 1984)	CDU

11. Wahlperiode (1987 – 1990): Kabinett Kohl

Bundeskanzler	Helmut Kohl	CDU
Stellvertreter des Bundeskanzlers	Hans-Dietrich Genscher	FDP
Auswärtiges	Hans-Dietrich Genscher	FDP
Inneres	Friedrich Zimmermann	CSU
	Wolfgang Schäuble (ab 21.4.1989)	CDU
Justiz	Hans A. Engelhard	FDP
Finanzen	Gerhard Stoltenberg	CDU
	Theodor Waigel (ab 21.4.1989)	CSU
Wirtschaft	Martin Bangemann	FDP
	Helmut Haussmann (ab 9.2.1988)	FDP
Ernährung, Landwirtschaft und Forsten	Ignaz Kiechle	CSU
Innerdeutsche Beziehungen	Dorothee Wilms	CDU
Arbeit und Sozialordnung	Norbert Blüm	CDU
Verteidigung	Manfred Wörner	CDU
	Rupert Scholz (ab 18.5.1988)	CDU
	Gerhard Stoltenberg (ab 21.4.1989)	CDU
Jugend, Familie, Frauen und Gesundheit	Rita Süssmuth	CDU
	Ursula Lehr (ab 9.12.1988)	
Verkehr	Jürgen Warnke	CSU
	Friedrich Zimmermann (ab 21.4.1989)	CSU
Umwelt, Naturschutz und Reaktorsicherheit	Klaus Töpfer	CDU
Post- und Fernmeldewesen Post und Telekommunikation (ab 1.7.1989)	Christian Schwarz-Schilling	CDU
Raumordnung, Bauwesen und Städtebau	Oscar Schneider	CSU
	Gerda Hasselfeld (ab 21.4.1989)	CSU
Forschung und Technologie	Heinz Riesenhuber	CDU
Bildung und Wissenschaft	Jürgen W. Möllemann	FDP
Wirtschaftliche Zusammenarbeit	Hans Klein	CSU
	Jürgen Warnke (ab 21.4.1989)	CSU

Besondere Aufgaben und Chef des Bundeskanzleramtes	Wolfgang Schäuble	CDU
	Rudolf Seiters (ab 21. 4. 1989)	CDU
Besondere Aufgaben und Chef des Presse- und Informationsamtes	Hans Klein (ab 21. 4. 1989)	CSU
Besondere Aufgaben (ab 3. 10. 1990)	Sabine Bergmann-Pohl	CDU
	Günther Krause	CDU
	Lothar de Maizière	CDU
	Rainer Ortleb	FDP
	Hans-Joachim Walter	DSU

12. Wahlperiode (1990 – 1994): Kabinett Kohl

Bundeskanzler	Helmut Kohl	CDU
Stellvertreter des Bundeskanzlers	Hans-Dietrich Genscher	FDP
	Klaus Kinkel (ab 18. 5. 1992)	FDP
Auswärtiges	Hans-Dietrich Genscher	FDP
	Klaus Kinkel (ab 18. 5. 1992)	FDP
Inneres	Wolfgang Schäuble	CDU
	Rudolf Seiters (ab 26. 11. 1991)	CDU
	Manfred Kanther (ab 7. 7. 1993)	CDU
Justiz	Klaus Kinkel	FDP
	Sabine Leutheusser-Schnarrenberger (ab 18. 5. 1992)	FDP
Finanzen	Theodor Waigel	CSU
Wirtschaft	Jürgen W. Möllemann	FDP
	Günter Rexrodt (ab 21. 1. 1993)	FDP
Ernährung, Landwirtschaft und Forsten	Ignaz Kiechle	CSU
	Jochen Borchert (ab 21. 1. 1993)	CDU
Arbeit und Sozialordnung	Norbert Blüm	CDU
Verteidigung	Gerhard Stoltenberg	CDU
	Volker Rühe (ab 1. 4. 1992)	CDU
Familie und Senioren	Hannelore Rönsch	CDU

Frauen und Jugend	Angela Merkel	CDU
Gesundheit	Gerda Hasselfeldt	CSU
	Horst Seehofer (ab 6. 5. 1992)	CSU
Verkehr	Günther Krause	CDU
	Matthias Wissmann (ab 13. 5. 1993)	CDU
Umwelt, Naturschutz und Reaktorsicherheit	Klaus Töpfer	CDU
Post und Telekommunikation	Christian Schwarz-Schilling	CDU
	Wolfgang Bötsch (ab 21. 1. 1993)	CSU
Raumordnung, Bauwesen und Städtebau	Irmgard Schwaetzer	FDP
Forschung und Technologie	Heinz Riesenhuber	CDU
	Matthias Wissmann (ab 21. 1. 1993)	CDU
	Paul Krüger (ab 13. 5. 1993)	CDU
Bildung und Wissenschaft	Rainer Ortleb	FDP
Wirtschaftliche Zusammenarbeit	Carl-Dieter Spranger	CSU
Besondere Aufgaben und Chef des Bundeskanzleramtes	Rudolf Seiters	CDU
	Friedrich Bohl (ab 26. 11. 1991)	CDU

13. Wahlperiode (1994 – 1998): Kabinett Kohl

Bundeskanzler	Helmut Kohl	CDU
Stellvertreter des Bundeskanzlers	Klaus Kinkel	FDP
Auswärtiges	Klaus Kinkel	FDP
Inneres	Manfred Kanther	CDU
Justiz	Sabine Leutheusser-Schnarrenberger	FDP
	Edzard Schmidt-Jortzig (ab 17. 1. 1996)	FDP
Finanzen	Theodor Waigel	CSU
Wirtschaft	Günter Rexrodt	FDP
Ernährung, Landwirtschaft und Forsten	Jochen Borchert	CDU
Arbeit und Sozialordnung	Norbert Blüm	CDU
Verteidigung	Volker Rühe	CDU

Familie, Senioren, Frauen und Jugend	Claudia Nolte	CDU
Gesundheit	Horst Seehofer	CSU
Verkehr	Matthias Wissmann	CDU
Umwelt, Naturschutz und Reaktorsicherheit	Angela Merkel	CDU
Post und Telekommunikation (aufgelöst mit Ablauf des 31. 12. 1997)	Wolfgang Bötsch	CSU
Raumordnung, Bauwesen und Städtebau	Klaus Töpfer	CDU
	Eduard Oswald	CSU
Bildung, Wissenschaft, Forschung und Technologie	Jürgen Rüttgers	CDU
Wirtschaftliche Zusammenarbeit und Entwicklung	Carl-Dieter Spranger	CSU
Besondere Aufgaben und Chef des Bundeskanzleramtes	Friedrich Bohl	CDU

14. Wahlperiode (1998 – 2002): Kabinett Schröder

Bundeskanzler	Gerhard Schröder	SPD
Stellvertreter des Bundeskanzlers	Joseph Fischer	BÜ 90/GRÜNE
Auswärtiges	Joseph Fischer	BÜ 90/GRÜNE
Inneres	Otto Schily	SPD
Justiz	Herta Däubler-Gmelin	SPD
Finanzen	Oskar Lafontaine	SPD
	Hans Eichel (ab 12. 4. 1999)	SPD
Wirtschaft und Technologie	Werner Müller	parteilos
Ernährung, Landwirtschaft und Forsten	Karl-Heinz Funke	SPD
ab 12. 1. 2001 umbenannt in: Verbraucherschutz, Ernährung und Landwirtschaft	Renate Künast (ab 12. 1. 2001)	BÜ 90/GRÜNE
Arbeit und Sozialordnung	Walter Riester	SPD
Verteidigung	Rudolf Scharping	SPD
	Peter Struck (ab 19. 7. 2002)	SPD
Familie, Senioren, Frauen und Jugend	Christine Bergmann	SPD

Gesundheit	Andrea Fischer	BÜ 90/GRÜNE
	Ulla Schmidt (ab 12.1.2001)	SPD
Verkehr, Bau- und Wohnungswesen	Franz Müntefering	SPD
	Reinhard Klimmt (ab 17.9.1999)	SPD
	Kurt Bodewig (ab 20.11.2000)	SPD
Umwelt, Naturschutz und Reaktorsicherheit	Jürgen Trittin	BÜ 90/GRÜNE
Bildung und Forschung	Edelgard Bulmahn	SPD
Wirtschaftliche Zusammenarbeit und Entwicklung	Heidemarie Wieczorek-Zeul	SPD
Besondere Aufgaben und Chef des Bundeskanzleramtes (bis Juni 1999)	Bodo Hombach	SPD

15. Wahlperiode (2002 – 2005): Kabinett Schröder

Bundeskanzler	Gerhard Schröder	SPD
Stellvertreter des Bundeskanzlers	Joseph Fischer	BÜ 90/GRÜNE
Auswärtiges	Joseph Fischer	BÜ 90/GRÜNE
Inneres	Otto Schily	SPD
Justiz	Brigitte Zypries	SPD
Finanzen	Hans Eichel	SPD
Wirtschaft und Arbeit	Wolfgang Clement	SPD
Verbraucherschutz, Ernährung und Landwirtschaft	Renate Künast	BÜ 90/GRÜNE
Verteidigung	Peter Struck	SPD
Familie, Senioren, Frauen und Jugend	Renate Schmidt	SPD
Gesundheit und Soziale Sicherung	Ulla Schmidt	SPD
Verkehr, Bau- und Wohnungswesen	Manfred Stolpe	SPD
Umwelt, Naturschutz und Reaktorsicherheit	Jürgen Trittin	BÜ 90/GRÜNE
Bildung und Forschung	Edelgard Bulmahn	SPD
Wirtschaftliche Zusammenarbeit und Entwicklung	Heidemarie Wieczorek-Zeul	SPD

16. Wahlperiode (2005 – 2009): Kabinett Merkel

Bundeskanzlerin	Angela Merkel	CDU
Stellvertreter der Bundeskanzlerin	Franz Müntefering	SPD
	Frank-Walter Steinmeier (ab 21.11.2007)	SPD
Auswärtiges	Frank-Walter Steinmeier	SPD
Inneres	Wolfgang Schäuble	CDU
Justiz	Brigitte Zypries	SPD
Finanzen	Peer Steinbrück	SPD
Wirtschaft und Technologie	Michael Glos	CSU
	Karl-Theodor zu Guttenberg (ab 10.02.2009)	CSU
Ernährung, Landwirtschaft und Verbraucherschutz	Horst Seehofer	CSU
	Ilse Aigner (ab 31.10.2008)	CSU
Arbeit und Soziales	Franz Müntefering	SPD
	Olaf Scholz (ab 21.11.2007)	SPD
Verteidigung	Franz Josef Jung	CDU
Familie, Senioren, Frauen und Jugend	Ursula von der Leyen	CDU
Gesundheit	Ulla Schmidt	SPD
Verkehr, Bau und Stadtentwicklung	Wolfgang Tiefensee	SPD
Umwelt, Naturschutz und Reaktorsicherheit	Sigmar Gabriel	SPD
Bildung und Forschung	Annette Schavan	CDU
Wirtschaftliche Zusammenarbeit und Entwicklung	Heidemarie Wieczorek-Zeul	SPD
Besondere Aufgaben und Chef des Bundeskanzleramtes	Thomas de Maizière	CDU

17. Wahlperiode (2009–2013): Kabinett Merkel

Bundeskanzlerin	Angela Merkel	CDU
Stellvertreter der Bundeskanzlerin	Guido Westerwelle	FDP
	Philipp Rösler (ab 16.05.2011)	FDP
Auswärtiges	Guido Westerwelle	FDP
Inneres	Thomas de Maizière	CDU
	Hans-Peter Friedrich (ab 03.03.2011)	CSU
Justiz	Sabine Leutheusser-Schnarrenberger	FDP
Finanzen	Wolfgang Schäuble	CDU
Wirtschaft und Technologie	Rainer Brüderle	FDP
	Philipp Rösler (ab 12.05.2011)	FDP
Arbeit und Soziales	Franz Josef Jung	CDU
	Ursula von der Leyen (ab 30.11.2009)	CDU
Ernährung, Landwirtschaft und Verbraucherschutz	Ilse Aigner	CSU
Verteidigung	Karl-Theodor Freiherr zu Guttenberg	CSU
	Thomas de Maizière (ab 03.03.2011)	CDU
Familie, Senioren, Frauen und Jugend	Ursula von der Leyen	CDU
	Kristina Schröder (ab 30.11.2009)	CDU
Gesundheit	Philipp Rösler	FDP
	Daniel Bahr (ab 12.05.2011)	FDP
Verkehr, Bau und Stadtentwicklung	Peter Ramsauer	CSU
Umwelt, Naturschutz und Reaktorsicherheit	Norbert Röttgen	CDU
	Peter Altmaier (ab 22.05.2012)	CDU
Bildung und Forschung	Annette Schavan	CDU
	Johanna Wanka (ab 14.02.2013)	CDU
Wirtschaftliche Zusammenarbeit und Entwicklung	Dirk Niebel	FDP
Besondere Aufgaben und Chef des Bundeskanzleramtes	Ronald Pofalla	CDU

18. Wahlperiode (2013 – 2017): Kabinett Merkel

Bundeskanzlerin	Angela Merkel	CDU
Stellvertreter der Bundeskanzlerin	Sigmar Gabriel	SPD
Wirtschaft und Energie	Sigmar Gabriel	SPD
	Brigitte Zypries (ab 27.01.2017)	SPD
Auswärtiges	Frank-Walter Steinmeier	SPD
	Sigmar Gabriel (ab 27.01.2017)	SPD
Inneres	Thomas de Maizière	CDU
Justiz und Verbraucherschutz	Heiko Maas	SPD
Finanzen	Wolfgang Schäuble	CDU
Arbeit und Soziales	Andrea Nahles	SPD
Ernährung und Landwirtschaft	Hans-Peter Friedrich	CSU
	Christian Schmidt (ab 17.02.2014)	CSU
Verteidigung	Ursula von der Leyen	CDU
Familie, Senioren, Frauen und Jugend	Manuela Schwesig	SPD
	Katarina Barley (ab 02.06.2017)	SPD
Gesundheit	Hermann Gröhe	CDU
Verkehr und digitale Infrastruktur	Alexander Dobrindt	CSU
Umwelt, Naturschutz, Bau und Reaktorsicherheit	Barbara Hendricks	SPD
Bildung und Forschung	Johanna Wanka	CDU
Wirtschaftliche Zusammenarbeit und Entwicklung	Gerd Müller	CSU
Besondere Aufgaben und Chef des Bundeskanzleramtes	Peter Altmaier	CDU

19. Wahlperiode (2017 – 2021): Kabinett Merkel

Bundeskanzlerin	Dr. Angela Merkel	CDU
Stellvertreter der Bundeskanzlerin	Olaf Scholz	SPD
Finanzen	Olaf Scholz	SPD
Inneres, Bau und Heimat	Horst Seehofer	CSU
Auswärtiges	Heiko Maas	SPD
Wirtschaft und Energie	Peter Altmaier	CDU

Justiz und Verbraucherschutz	Katarina Barley	SPD
	Christine Lambrecht (ab 27.6.2019)	SPD
Arbeit und Soziales	Hubertus Heil	SPD
Verteidigung	Ursula von der Leyen	CDU
	Annegret Kramp-Karrenbauer (ab 17.7.2019)	CDU
Ernährung und Landwirtschaft	Julia Klöckner	CDU
Familie, Senioren, Frauen und Jugend	Franziska Giffey	SPD
	Christine Lambrecht (ab 20.5.2021)	SPD
Gesundheit	Jens Spahn	CDU
Verkehr und digitale Infrastruktur	Andreas Scheuer	CSU
Umwelt, Naturschutz und nukleare Sicherheit	Svenja Schulze	SPD
Bildung und Forschung	Anja Karliczek	CDU
Wirtschaftliche Zusammenarbeit und Entwicklung	Gerd Müller	CSU
Bundesminister für besondere Aufgaben und Chef des Bundeskanzleramtes	Helge Braun	CDU